作手操盘之

伏龙手册

主编◎李章廷

中国宇航出版社

·北京·

图书在版编目（CIP）数据
作手操盘之伏龙手册 / 李章廷主编. -- 北京 : 中国宇航出版社, 2025.1(2025.11 重印) . -- ISBN 978-7-5159-2481-6
Ⅰ. F830.91
中国国家版本馆CIP数据核字第2024CS2829号

责任编辑　卢　珊　　**封面设计**　李海蓝　付洪铃

出　版 发　行　中国宇航出版社
社　址　北京市阜成路 8 号　　**邮　编**　100830
（010）68768548
网　址　www.caphbook.com
经　销　新华书店
发行部　（010）68767386　　（010）68371900
（010）68767382　　（010）88100613（传真）
零售店　读者服务部
（010）68371105
承　印　天津画中画印刷有限公司

版　次　2025 年 1 月第 1 版
2025 年 11 月第 9 次印刷
规　格　889 × 1194
开　本　1/16
印　张　4.5
字　数　62 千字
书　号　ISBN 978-7-5159-2481-6
定　价　59.00 元

本书如有印装质量问题，可与发行部联系调换

《作手操盘之伏龙手册》编委会

目录

一、板块轮动盘面之盘面概览……01
二、板块轮动盘面之功能分区……02
三、板块轮动盘面之功能导航……03
（一）板块指数全景功能介绍……03
1. 什么是板块指数全景……03
2. 板块指数全景功能的作用……05
3. 板块指数全景实战分享……07
（二）连板情况功能介绍……12
1. 什么是连板情况……12
2. 连板情况功能的作用……14
3. 连板情况实战分享……19
（三）今日热门功能介绍……22
1. 什么是今日热门……22
2. 今日热门功能的作用……32
3. 今日热门实战分享……33
（四）市场板块功能介绍……43
1. 什么是市场板块……43
2. 市场板块的作用……50
3. 市场板块实战分享……55

一、板块轮动盘面之盘面概览

板块轮动盘面的基本界面如图所示。

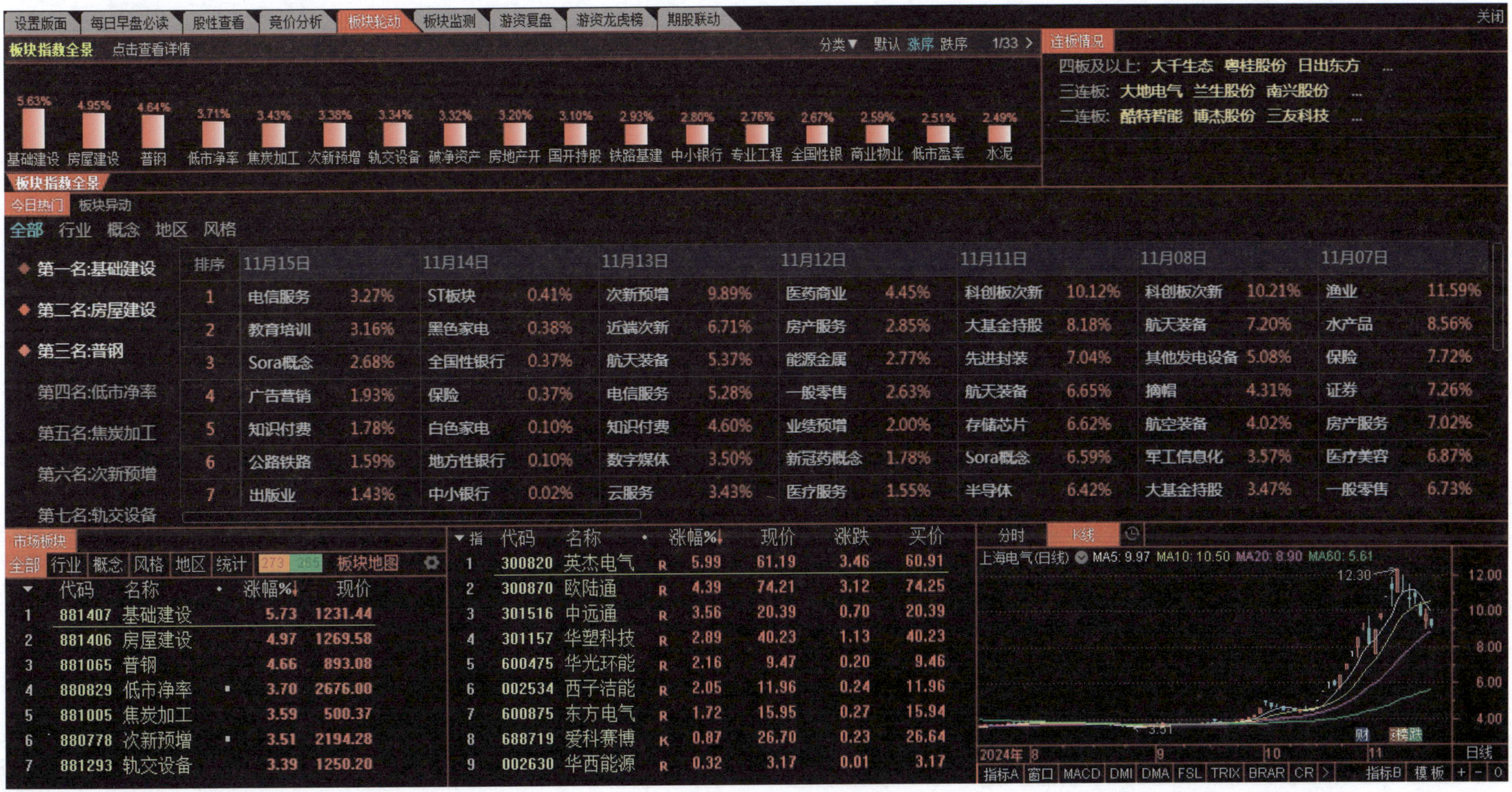

二、板块轮动盘面之功能分区

板块轮动盘面的功能分区如图所示。

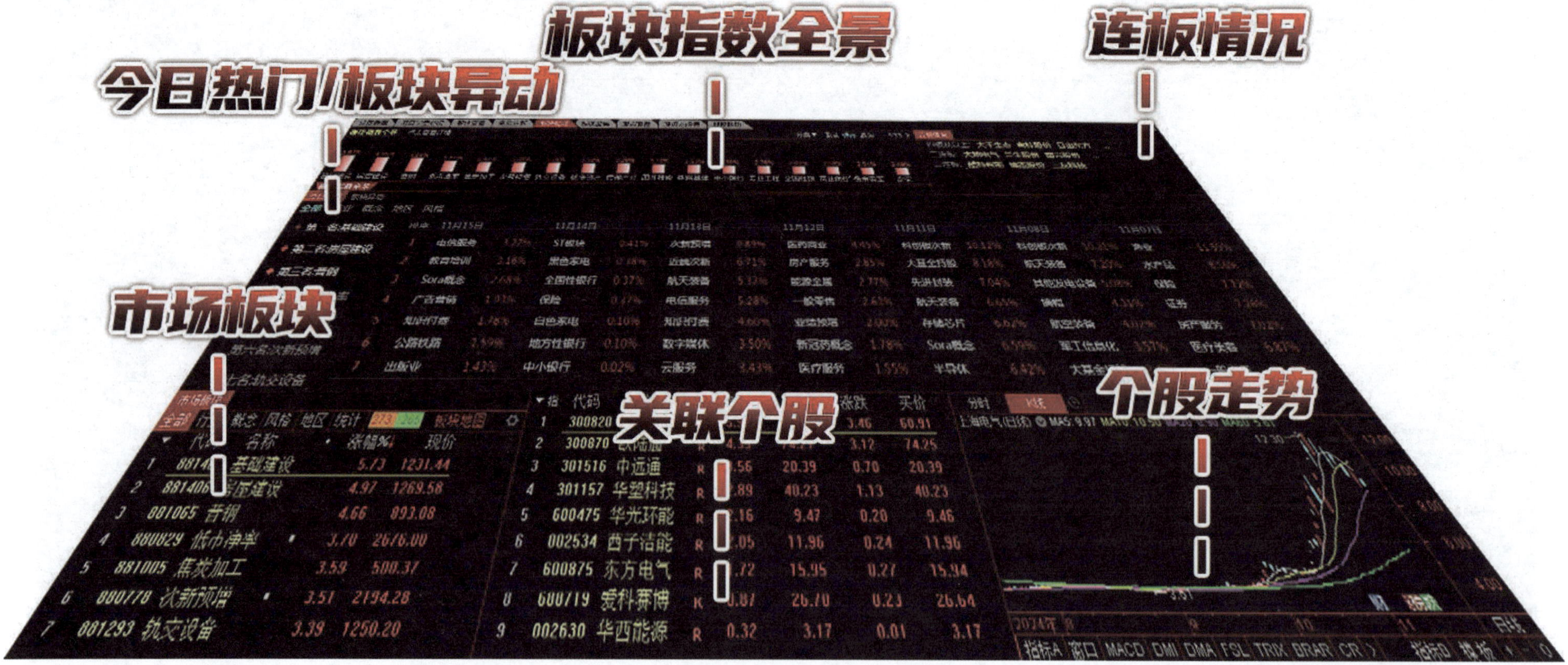

三、板块轮动盘面之功能导航

（一）板块指数全景功能介绍

1. 什么是板块指数全景

通达信的板块指数全景柱状图通常用于展示各个板块的涨跌情况及相关数据。在板块指数全景柱状图中，每个柱状图代表一个板块。其主要含义包括以下两点。

（1）涨跌幅度

柱状图的长度或高度直观地反映了该板块在特定时间段内的涨跌幅度。红色柱状图升高，表示板块涨幅增大；绿色柱状图升高，则表示板块跌幅增大。

（2）板块对比

通过对比不同板块的柱状图，可以快速了解各个板块之间的相对强弱表现，帮助投资者找到强势板块。

例如，在股票市场中，若某个板块的柱状图出现红柱升高，意味着该板块整体表现较为强劲，可能有较多资金流入，相关股票可能有较好的上涨趋势；出现绿柱升高的柱状图，则表示该板块走势相对较弱。

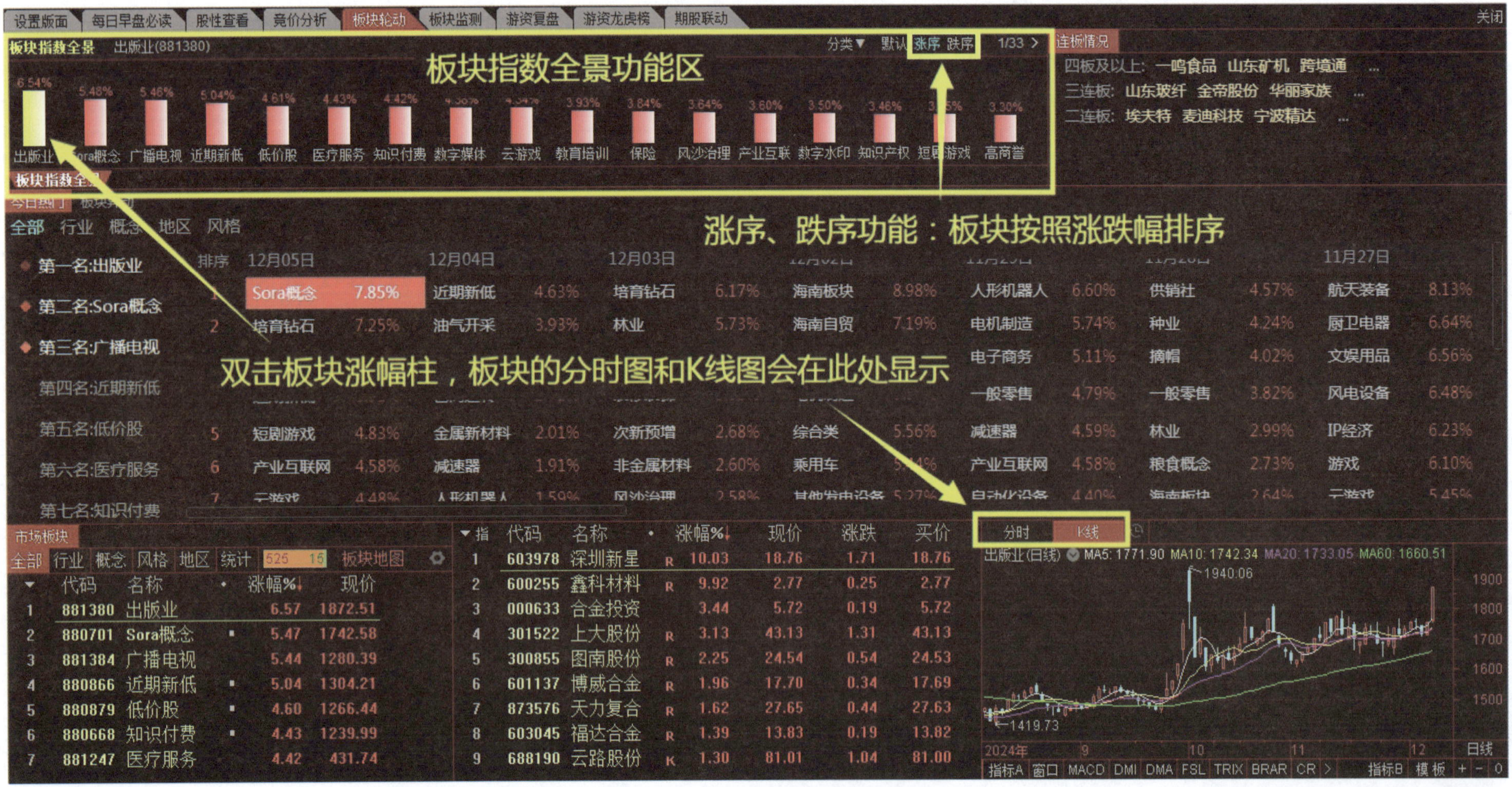
板块指数全景功能区
涨序、跌序功能：板块按照涨跌幅排序
双击板块涨幅柱，板块的分时图和K线图会在此处显示

2. 板块指数全景功能的作用

通过板块指数全景柱状图，投资者可以一眼看清当天不同板块的涨跌幅度，从而快速了解市场的板块动态。

（1）快速把握板块强弱

帮助投资者直观地比较各个板块的强弱表现，发现强势板块和弱势板块。

（2）辅助决策

根据板块的涨跌情况，辅助投资者制定投资策略，例如选择强势板块中的优质个股，或者避开弱势板块以控制风险。

（3）发现市场热点

能够及时了解哪些板块受到市场资金的关注和追捧，哪些可能成为短期的市场热点。

（4）监测板块轮动

观察不同板块之间的涨跌变化，有助于发现板块轮动的迹象，从而调整投资组合。

（5）行业分析

对于关注特定行业的投资者，可以借此了解该行业所属板块的整体走势，以及在市场中的相对地位。

例如，在股票市场中，若某个板块的柱状图显示为明显的上涨，意味着该板块整体表现较为强劲，可能有较多资金流入，相关股票可能有较好的上涨趋势；下跌的柱状图则表示该板块走势相对较弱。

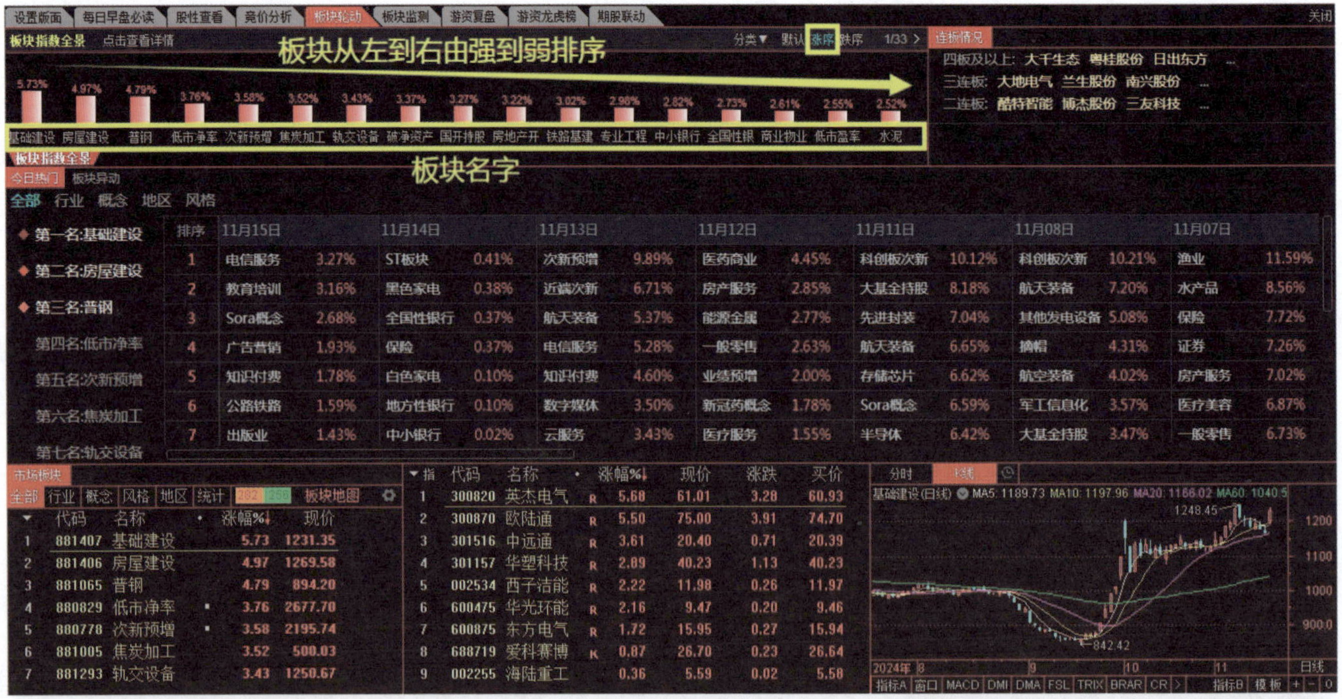

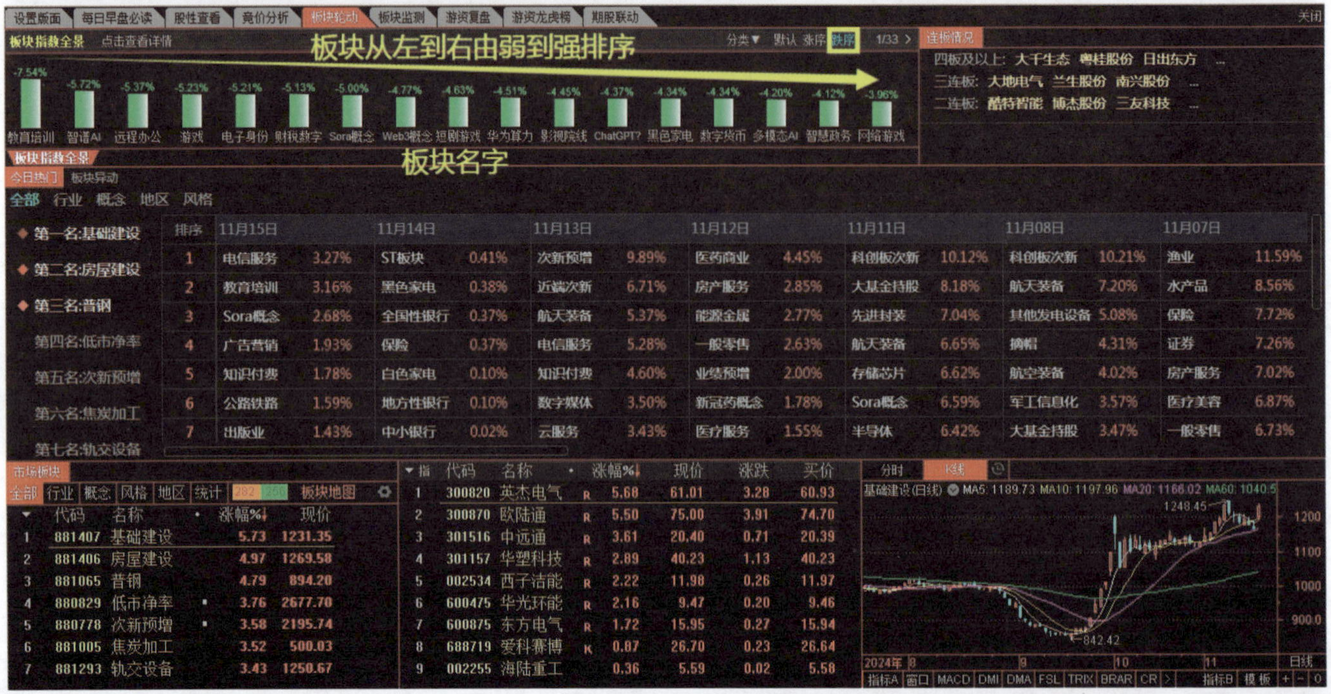

3. 板块指数全景实战分享

（1）捕捉热点板块

通过观察柱状图中涨幅较大的板块，可以迅速发现当前市场的热点所在。例如，如果图中基础建设板块的柱状图持续保持较高涨幅，表明该板块可能是市场热点，资金关注度高，投资者可以在该板块中寻找优质个股的投资机会。

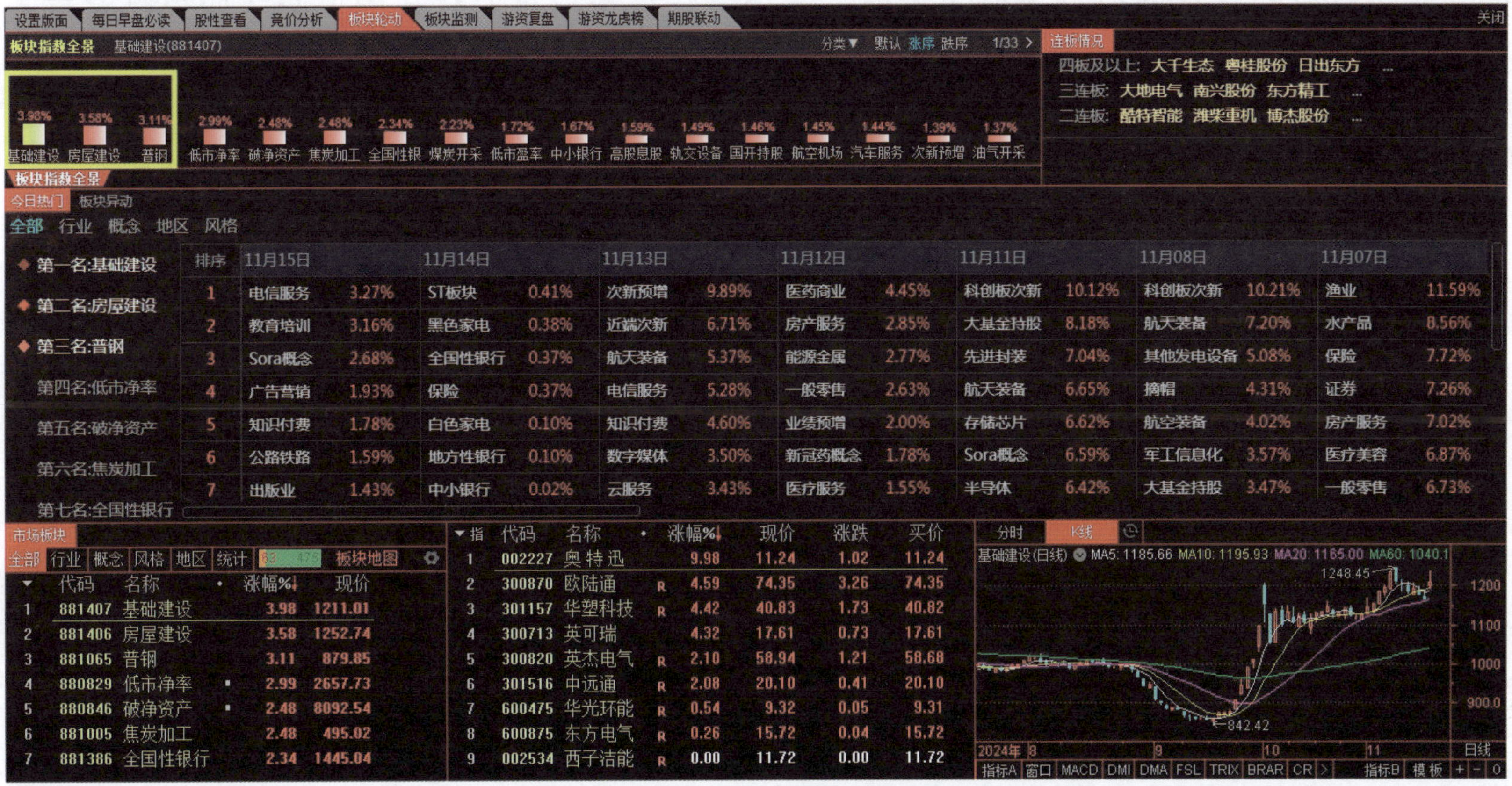

（2）板块轮动判断

长期观察不同时间段的柱状图变化，有助于判断板块的轮动节奏。比如，一段时间内消费板块表现强势，而之后金融板块的柱状图开始崛起，可能暗示发生了板块轮动，投资者可以据此调整投资组合的布局。

（3）风险控制

当发现某些板块的柱状图持续大幅下跌时，需要警惕该板块可能存在的风险。如果投资者手中持有相关板块的个股，应考虑及时减仓或止损，以避免更大的损失。

（4）比较板块强弱

对比不同板块的柱状图高度和涨跌趋势，能够清晰地了解各个板块的相对强弱。

比如，在同一时期，超跌板块的涨幅明显高于前期高位板块的涨幅，这可能反映出市场对超跌反弹的模式青睐程度更高，那么期间就要避免建仓高位板块，同时向低位挖掘具有套利机会的板块。

观察强势板块并总结特征。

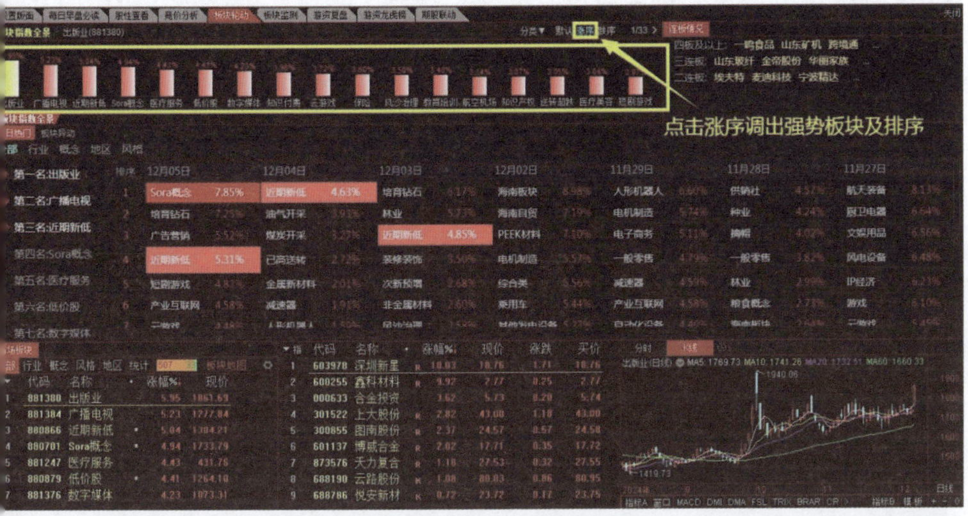

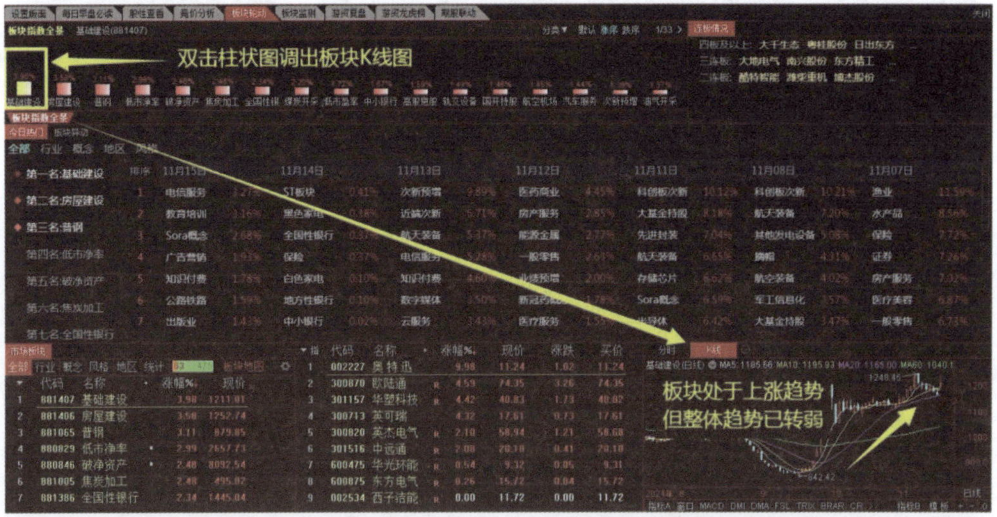

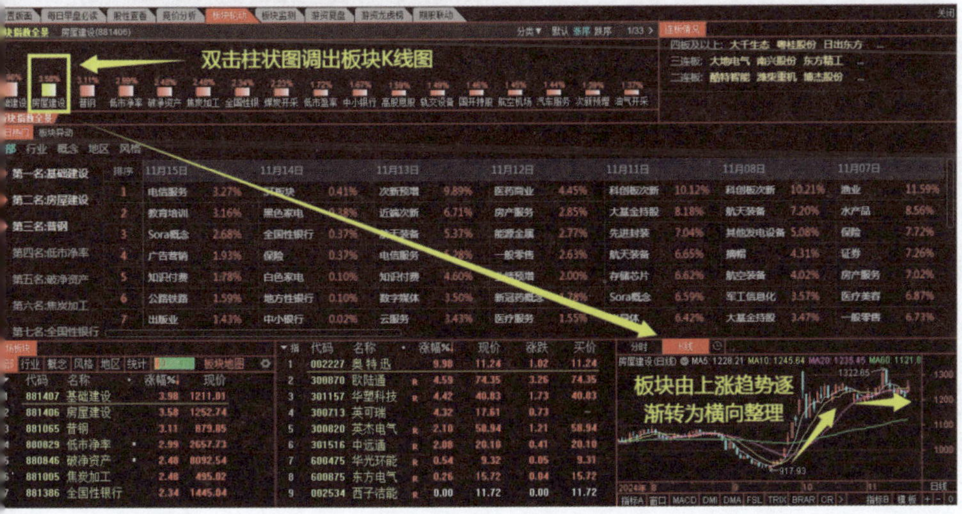

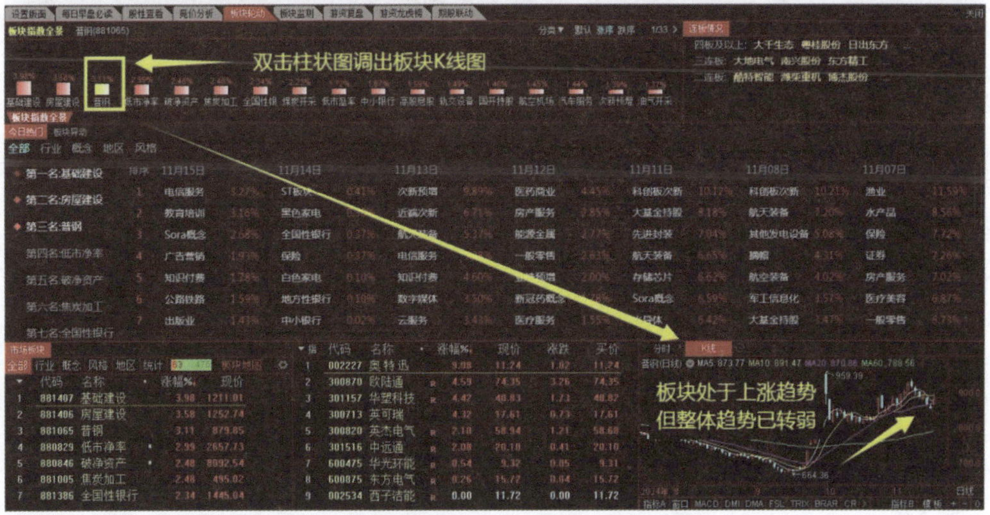

观察弱势板块并总结特征。

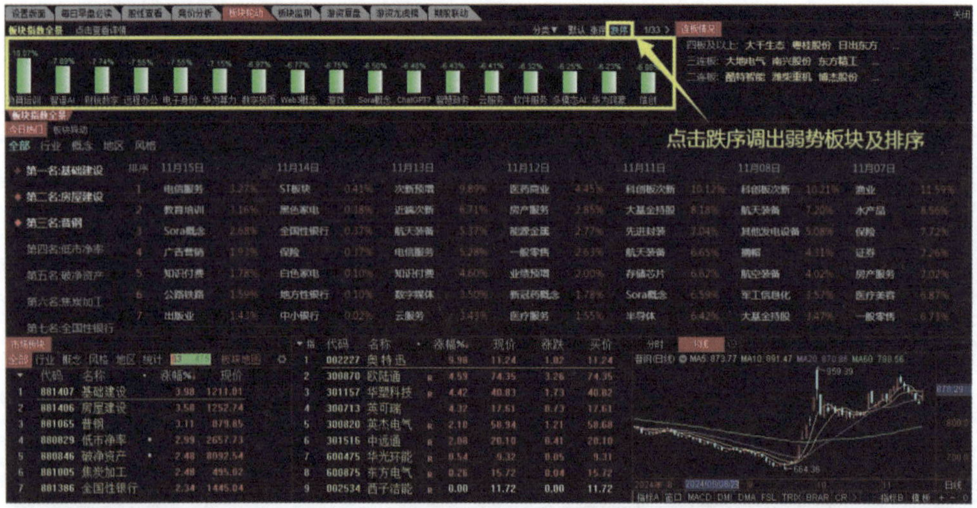

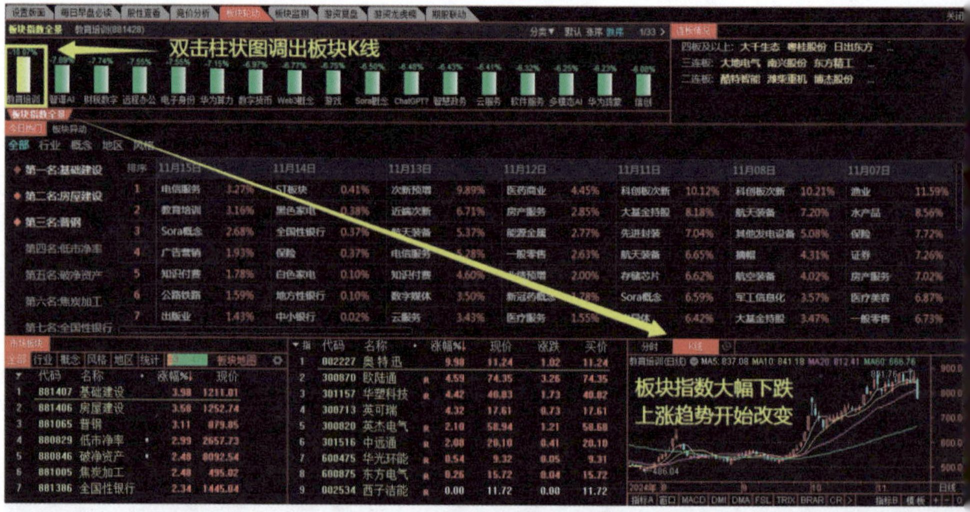

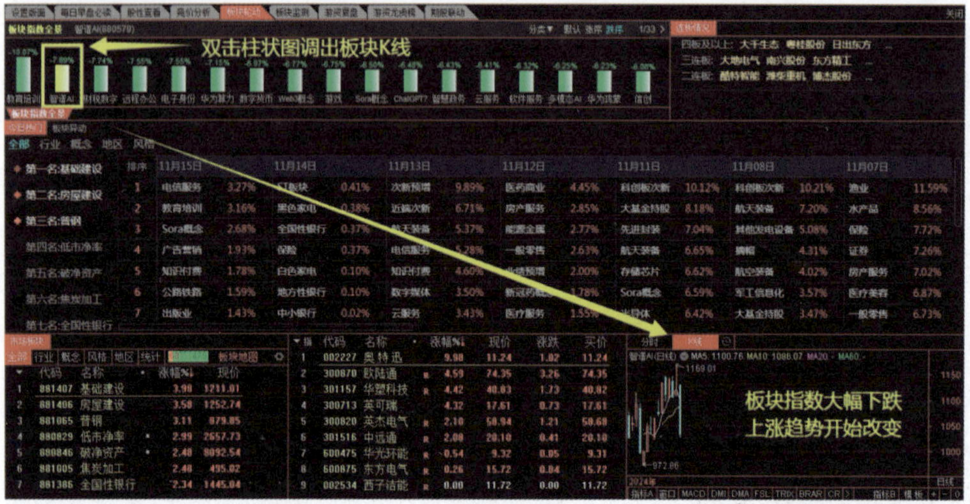

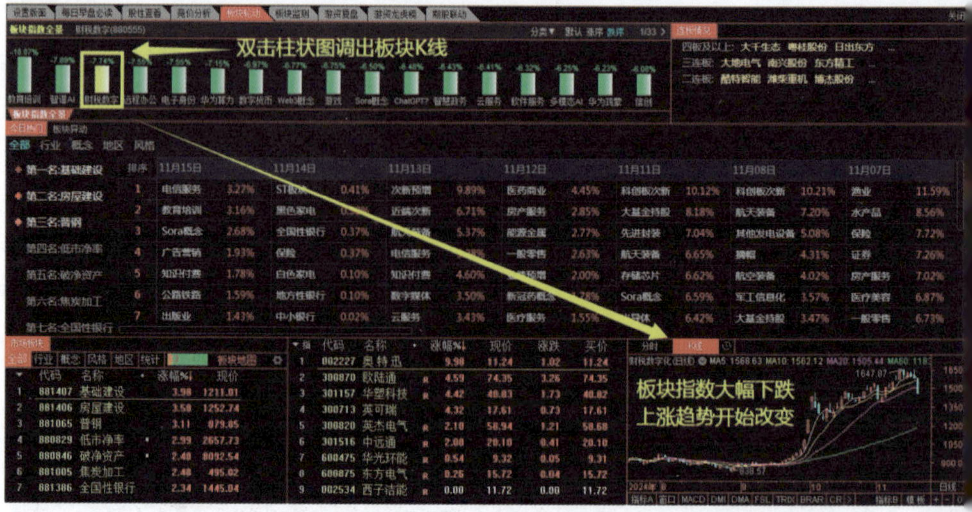

（5）验证投资策略

如果投资者采用了基于板块轮动或热点追踪的投资策略，可以通过板块指数全景柱状图来验证策略的有效性。如果策略所预期的板块走势与实际柱状图表现相符，说明策略有效；反之，则需要对策略进行调整和优化。

（6）辅助行业配置

对于机构投资者或资产配置型投资者，柱状图可以作为参考，帮助确定在不同板块之间的资金分配比例，以实现更优的资产配置效果。

（二）连板情况功能介绍

1. 什么是连板情况

连板情况通常指的是在股票市场中，一只股票连续多个交易日达到涨停板的现象。

当一只股票在第一个交易日达到涨停板（涨幅达到交易所规定的上限）后，在接下来的若干个交易日继续涨停，就形成了连续涨停板的情况，称为“连板”。同理，如果一只股票连续多个交易日跌停，也称为跌停连板。这里只讨论涨停连板的情况。

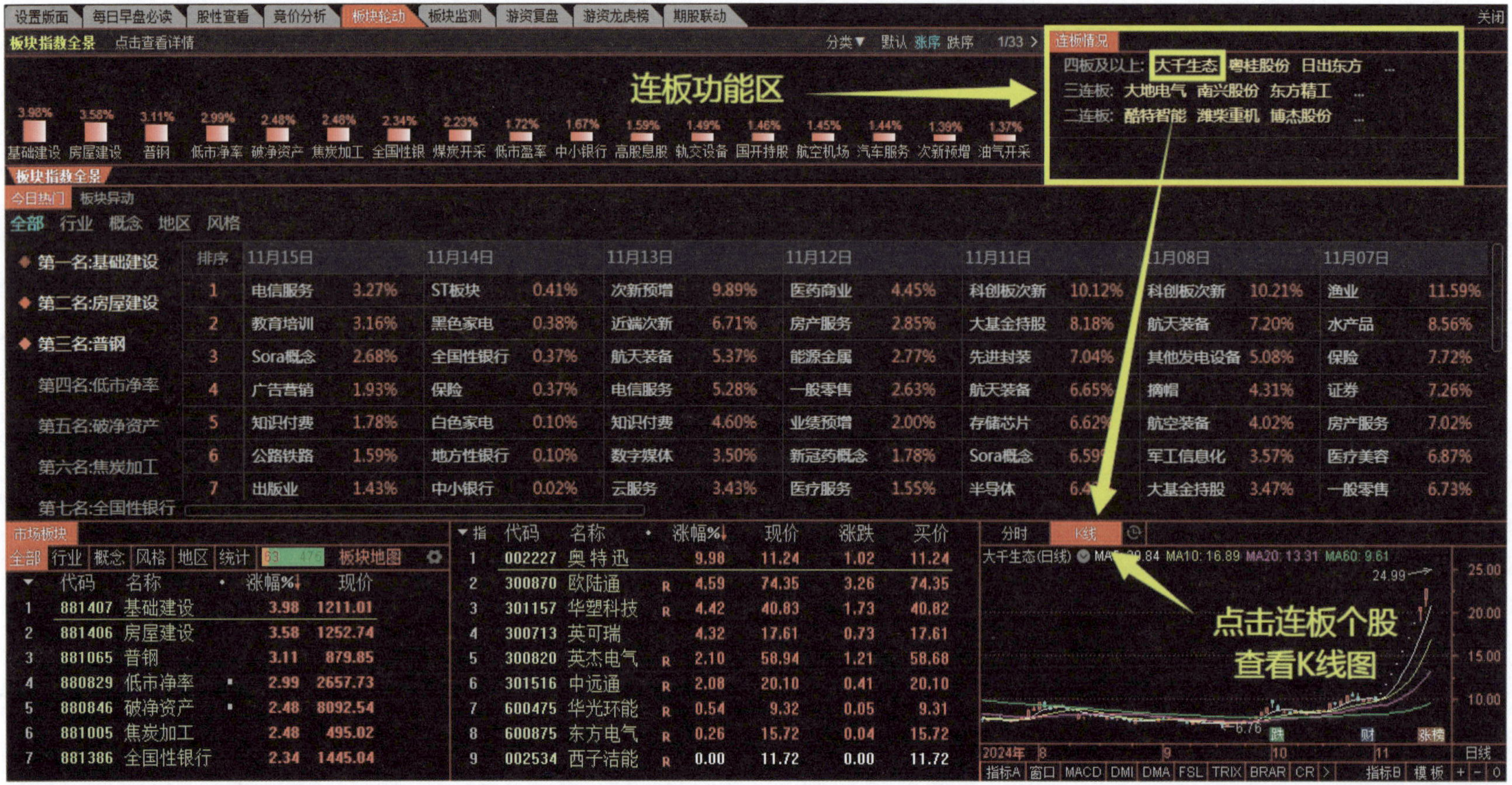

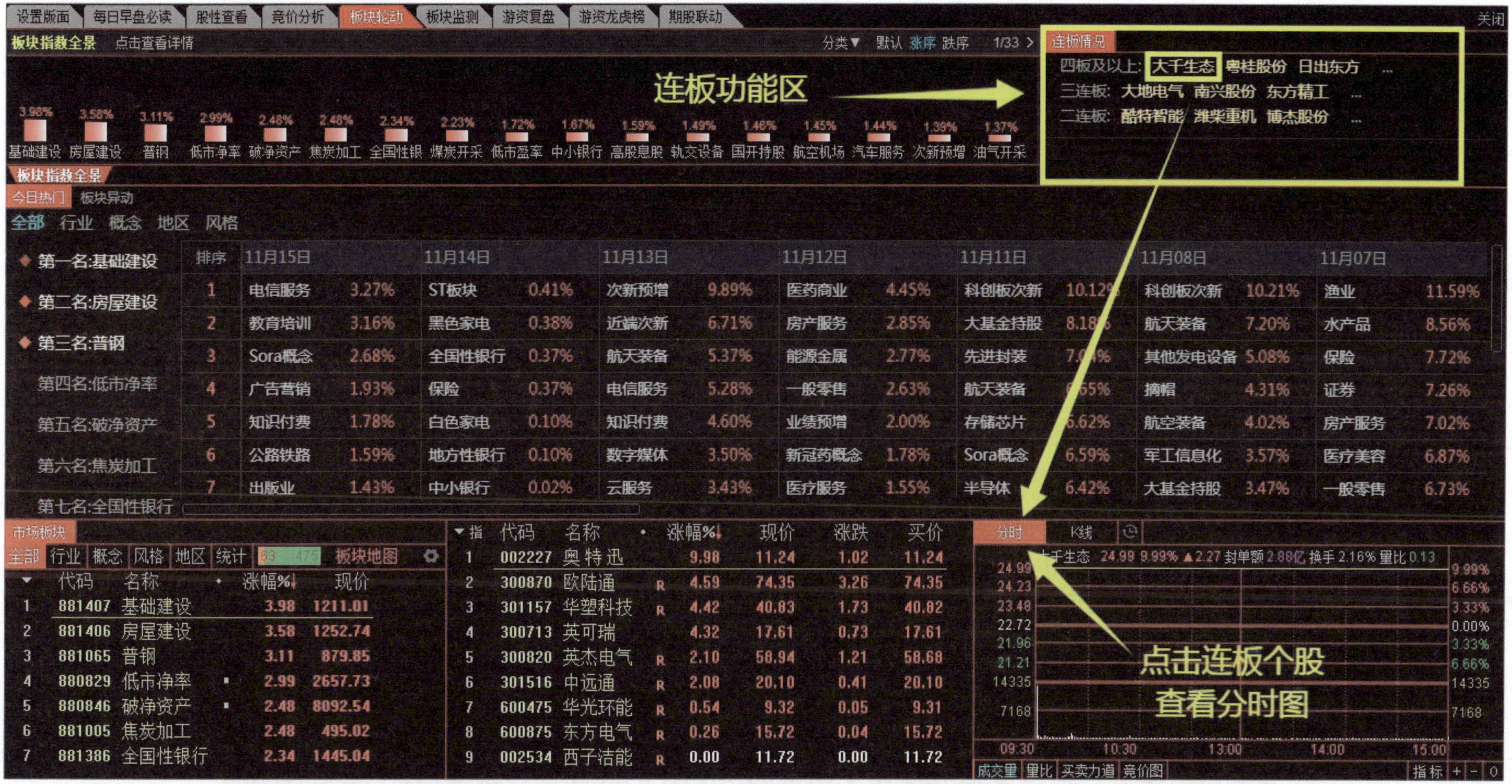
连板功能区
点击连板个股
查看分时图
连板情况
四板及以上: 大千生态 粤桂股份 日出东方 ...
三连板: 大地电气 南兴股份 东方精工 ...
二连板: 酷特智能 潍柴重机 博杰股份 ...

2. 连板情况功能的作用

（1）衡量股票强势程度

连板次数越多，表明该股在特定时期内的上涨势头越强劲，受到市场资金的追捧程度越高。

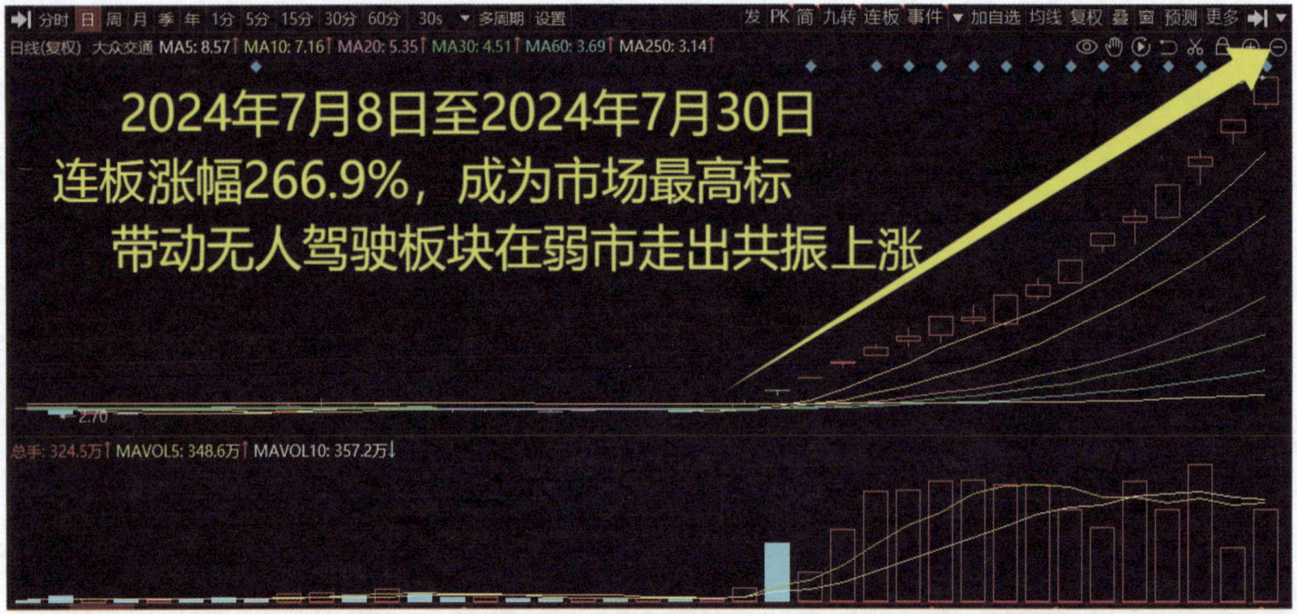

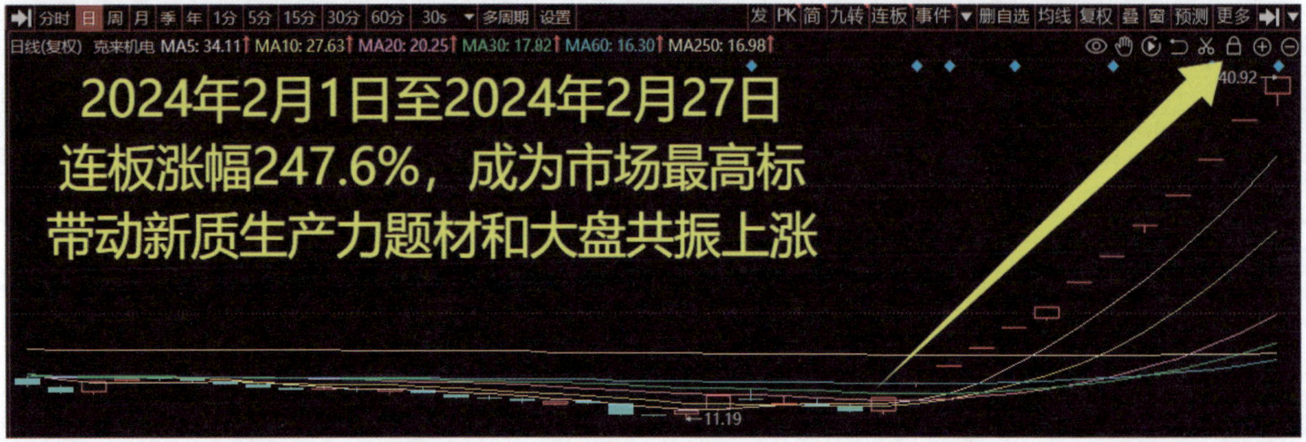

（2）反映市场炒作热度

大量股票出现连板，或者连板的高度较高，说明市场整体炒作氛围浓厚，投资者的交易积极性较高。

（3）揭示资金集中方向

连板股票所在的板块往往是资金集中流入的领域，统计连板数据能帮助我们了解资金的偏好和流向。

（4）作为市场情绪指标

连板数据可以作为市场情绪的直观体现。连板频繁，代表市场上乐观情绪占据主导；连板稀缺，则暗示市场情绪较为谨慎或悲观。

（5）挖掘潜在投资机会

通过对连板数据的分析，有可能发现具有爆发潜力的个股或热门板块，为投资者提供潜在的投资机会。

例如，2024年7月17日，锦江在线突破了近三个月的连板高度，来到第7板，次日断板止于7板，当天市场高度下降到2板。随后的2024年7月18日，交运股份止步3板。2024年7月22日周一，惠程科技止步4板，高度再次停滞。而在2024年7月22日当天，腾达科技首板涨停，到2024年7月24日，腾达科技来到3板，25日顺利突破4板，26日打破惠程科技的高度来到5板。当日商业航天大爆发，商业航天指数涨幅达4.8%。30日周二，腾达科技突破7板，来到锦江在线的高度，次日突破8板，打破锦江在线的高度，商业航天板块继续爆发。

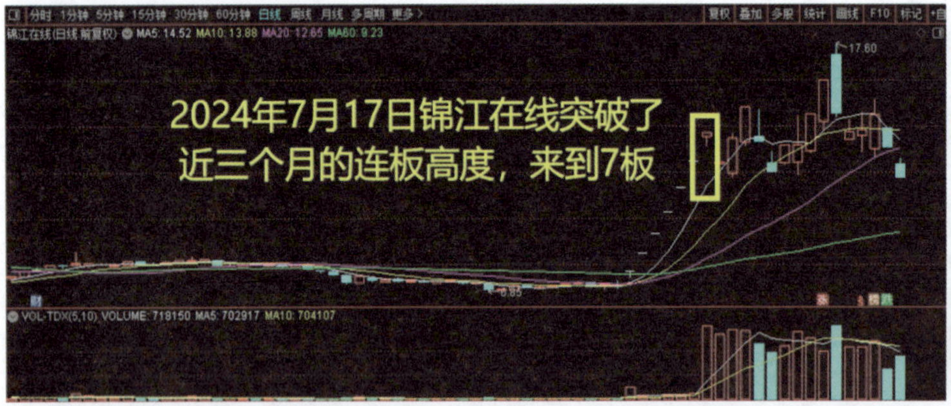

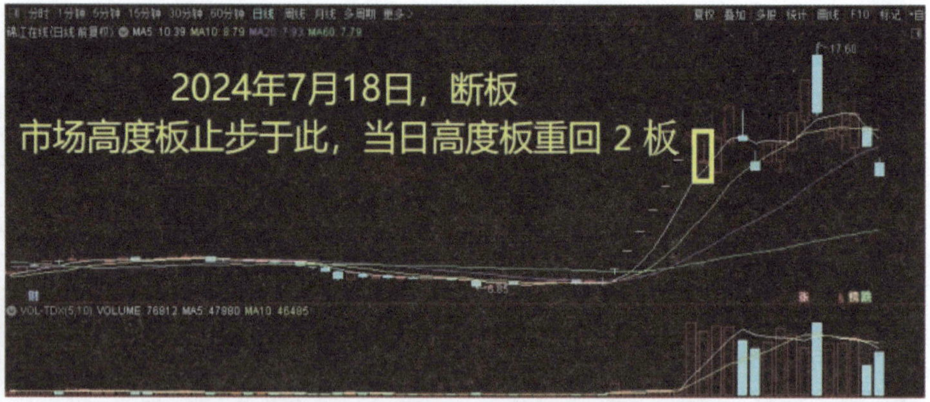

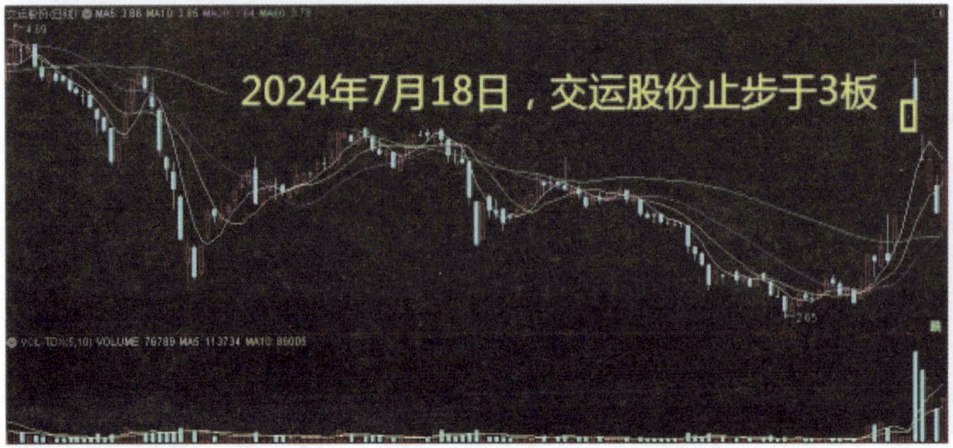

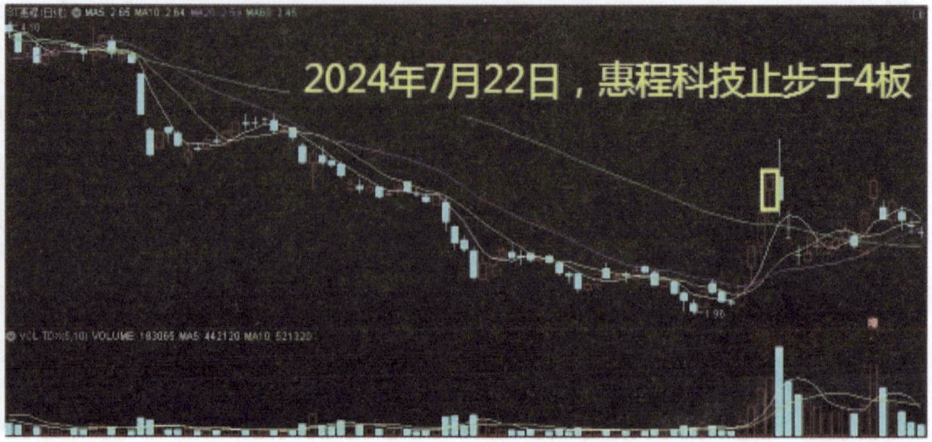

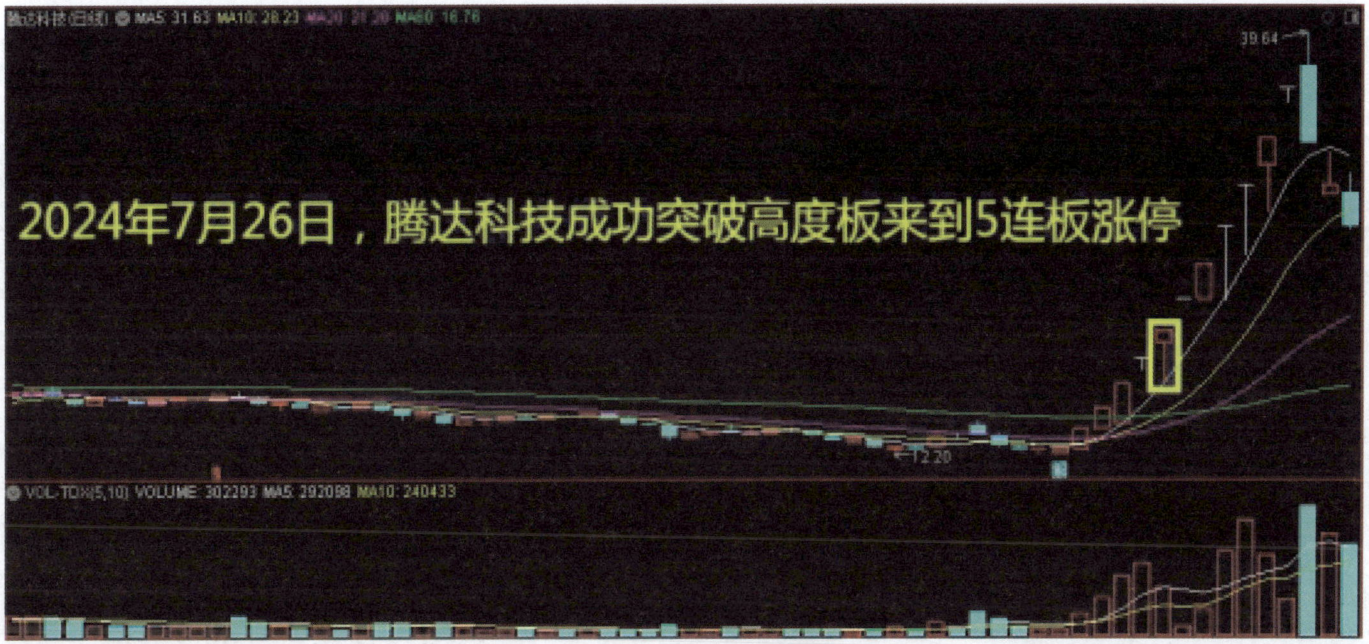

MA5: 31.63 MA10: 28.23 MA60: 16.76
39.64
2024年7月26日，腾达科技成功突破高度板来到5连板涨停
12.20
VOL-TDX(5,10) VOLUME: 302293 MA5: 292088 MA10: 240433

（6）监测市场风险

如果连板股票在连板过程中出现天地板，可能预示着市场风险的积聚和释放。

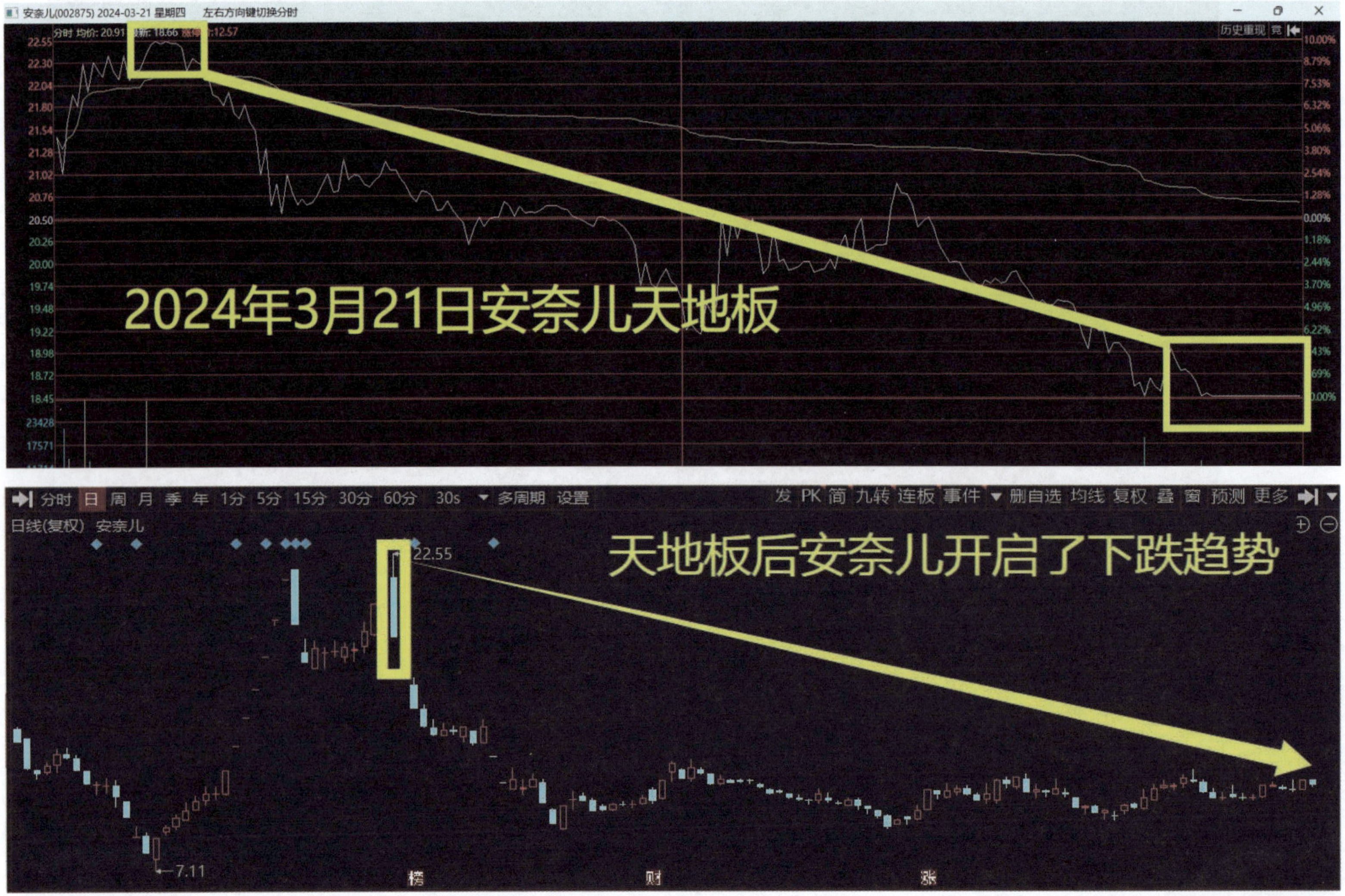

3. 连板情况实战分享

（1）寻找短线强势股

持续连板通常是股票短线强势的表现。通过筛选出连板的股票，可以缩小关注范围，从中寻找具有短线爆发潜力的个股。如图，从众多股票中统计出强势个股进行分析筛选。

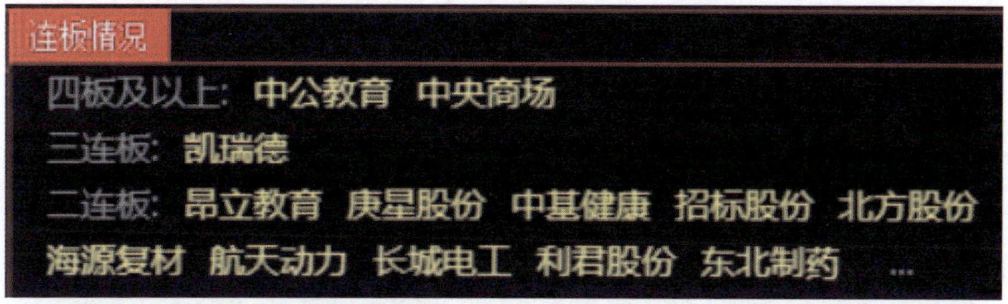

（2）把握市场热点

连板股所属板块往往是当前市场的热点。统计连板数据能帮助投资者快速定位热点板块，从而提前布局相关板块中的优质个股。比如，若多只教育培训股出现连板，可能意味着教育培训板块成为市场焦点。

（3）制定交易策略

根据连板的高度和连续性，制定不同的交易策略。对于高位连板股，要密切关注成交量和换手率，一旦出现高位异常放量，换手率也达到了近期创纪录的新高，则可能是主力获利了结的信号；而对于低位启动的连板股，可以适当追涨。

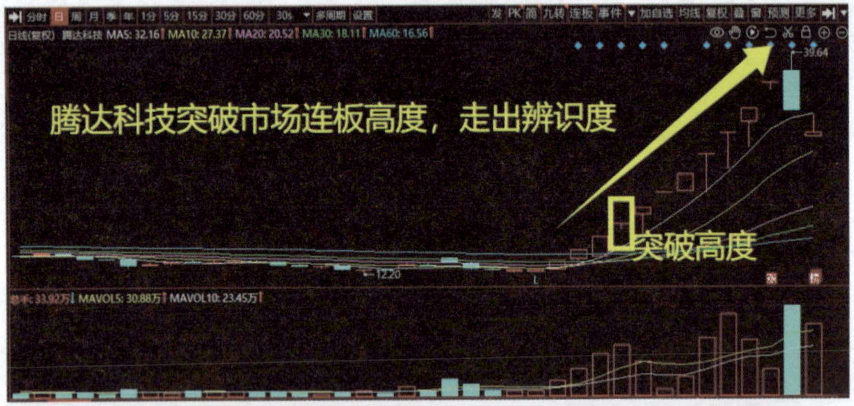

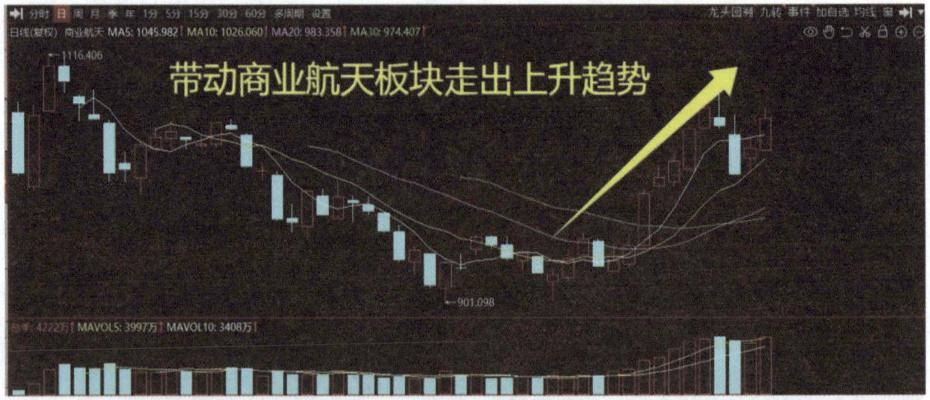

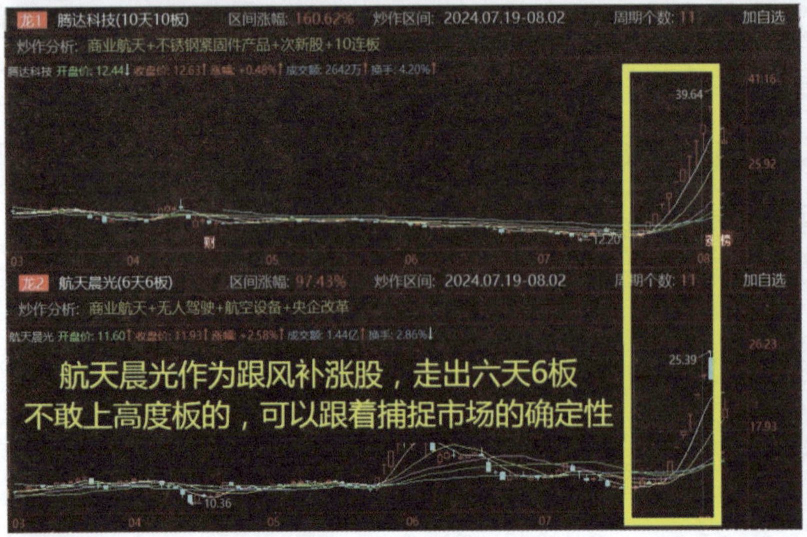

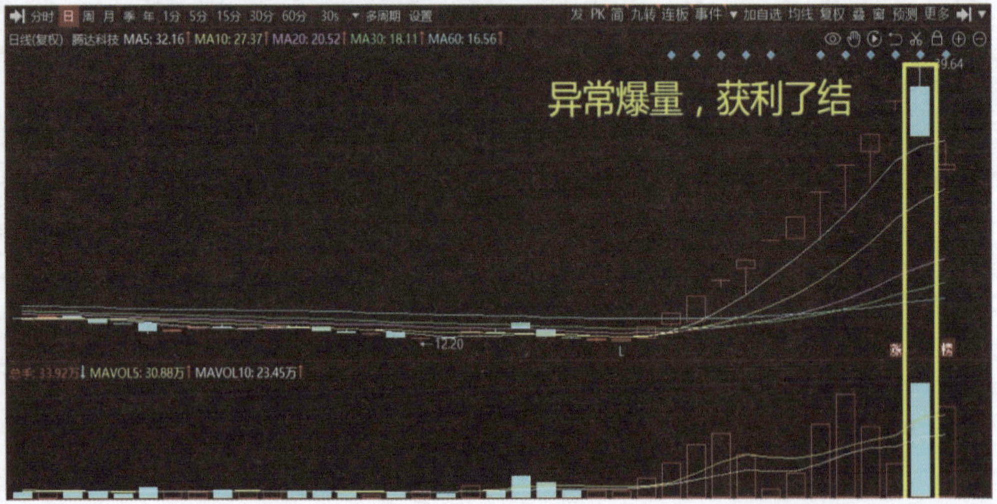

（4）控制风险

当连板股数量突然减少，或者连板高度明显下降，可能是市场风险加大的信号。此时，投资者应降低仓位，谨慎操作，以控制潜在的风险。

（5）验证选股逻辑

如果投资者的选股策略能够经常捕捉到连板股，说明选股逻辑有效，可以继续坚持；反之，如果所选股票很少出现连板，则需要反思和调整选股方法。

（6）观察游资动向

游资往往是推动连板的重要力量。通过分析连板数据，可以大致了解游资的操作风格和偏好的板块，从而跟随其操作。

（7）预测板块轮动

观察不同板块中连板股交替出现的情况，有助于预测板块轮动的节奏。提前布局即将轮动到的板块，获取超额收益。

例如，某一阶段，医药板块的连板股增多，随后化工板块也开始出现连板股，这可能预示着资金从医药板块向化工板块转移。

总之，合理运用股票连板数据，能在实战中为投资者提供有价值的信息，提高投资决策的准确性，增加盈利机会。

（三）今日热门功能介绍

1. 什么是今日热门

（1）今日热门

今日热门是指当日涨幅较大的股票板块。每次行情反弹总有一些板块起到主要的拉升作用，这些板块的股票交易量大、流通性强、价格变动幅度大，形成热门板块。

热门板块也可能并不是那些优良企业发行并具有投资经济效益的股票，但在政策上、宣传上可能是热炒的股票种类。

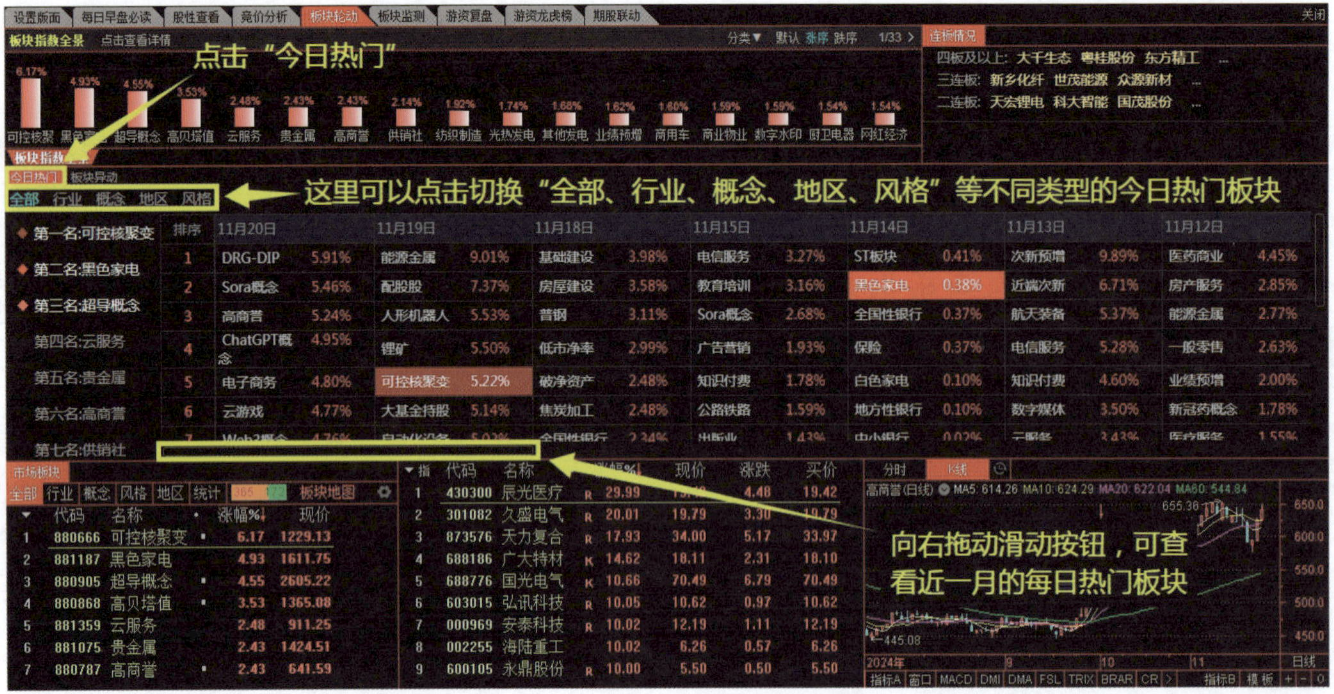

通达信今日热门模块是某些特定领域内受到市场当天的广泛关注，表现强势、走势活跃的股票群体。

股票市场中，热门板块往往受到大量投资者关注，股票交易活跃，价格走势强劲。这些板块往往与当前市场的热点、经济发展趋势、政策导向等因素密切相关。例如，在某些时期，科技、新能源、金融等板块可能会成为市场的热门板块。

热门板块的形成有其内在的逻辑和原因。一方面，这些板块内的公司往往具有较强的盈利能力、成长潜力或创新优势，能够吸引大量资金关注和流入。另一方面，市场热点和政策导向也会对热门板块的形成产生重要影响。当政策鼓励某些行业发展，或者某些行业面临的市场需求快速增长时，这些行业相关的股票往往成为投资者追逐的对象。

热门板块对投资者具有较大的吸引力。由于这些板块内的股票走势强劲，投资者可以通过投资这些板块获得较高的投资收益。同时，热门板块也是市场资金的主要流向之一，能够反映市场的热点和趋势，为投资者提供重要的投资参考。

总之，投资者可以通过关注热门板块，了解市场趋势和热点，从而做出更为明智的投资决策。但需要注意的是，投资有风险，投资者在做出投资决策时，还需结合自身的风险承受能力和投资目标进行综合考虑。通达信将热门板块划分为五大模块，分别为全部板块、行业板块、概念板块、地区板块和风格板块。

① 全部板块排名。

全部板块包含了行业板块、概念板块、地区板块和风格板块全部股票板块的涨跌幅排名。通过查看全部板块排名，可以了解目前全市场交易最热的板块是哪些，方便我们进行全局性把握。

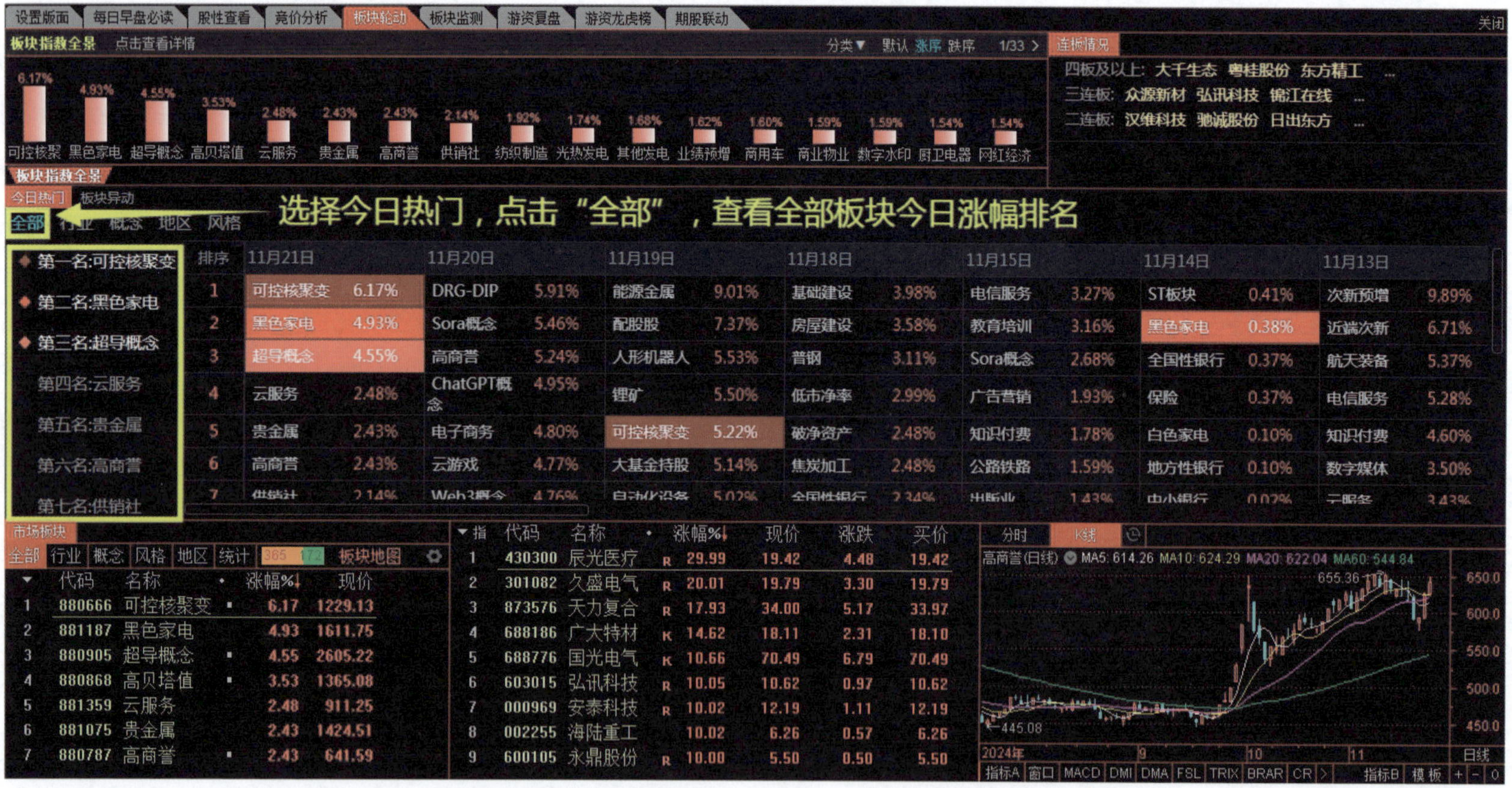

需要注意的是，今日热门全部板块排名的前三名在过往的热门排名里，会以深红、红色、浅红三种颜色标注，排名越靠前，颜色越深。

②行业板块排名。

行业板块是按照公司所属的行业进行划分的。例如，银行板块就是银行这个行业类别，房地产板块就是房地产这个行业类别。通达信行业板块包含了127个细分行业，通过对这127个行业的涨跌幅排名，我们可以清楚地知道当前哪些行业获得了资金的青睐，短期参与哪个行业投资更容易获得正向收益。

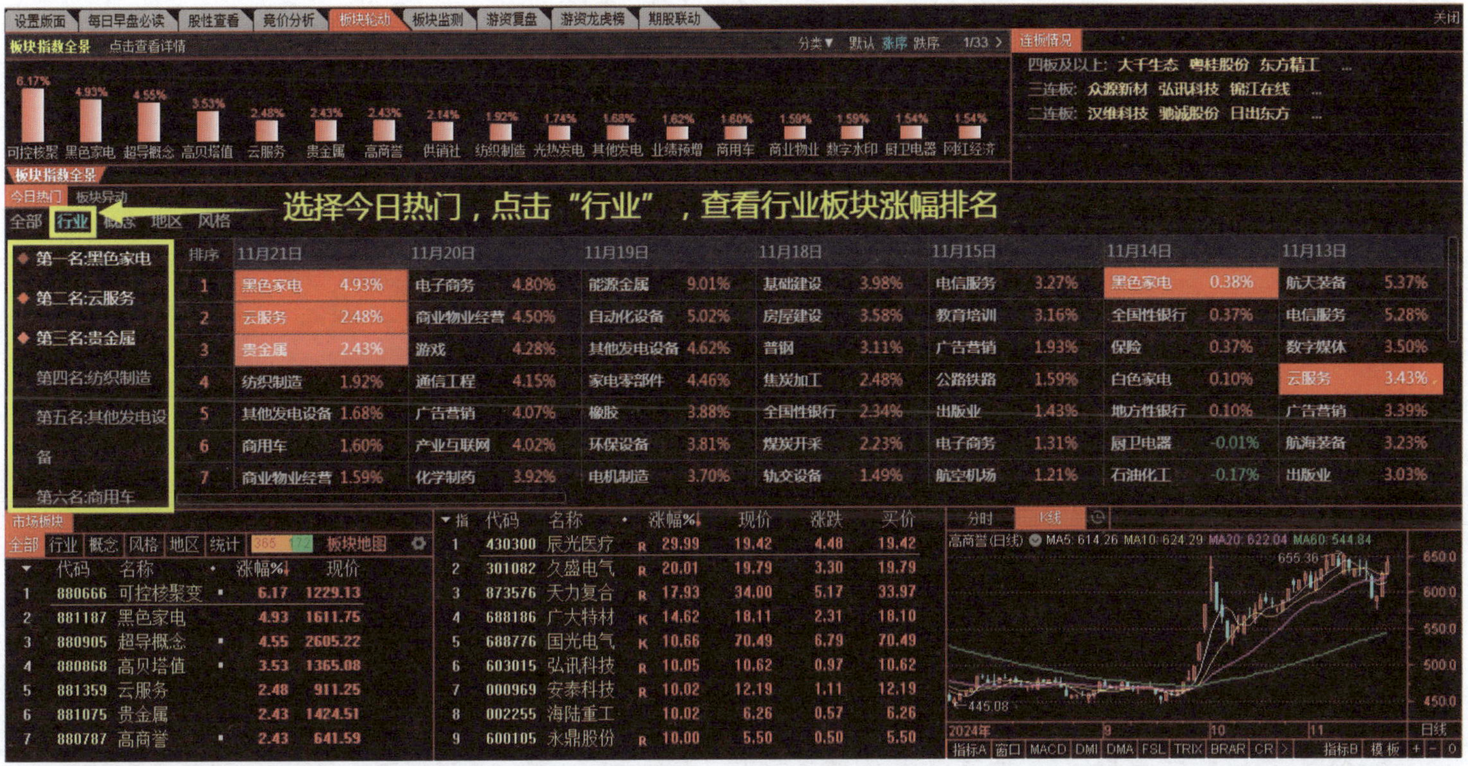
选择今日热门，点击"行业"，查看行业板块涨幅排名

需要注意的是，今日热门行业板块排名的前三名在过往的热门排名里，会以深红、红色、浅红三种颜色标注，排名越靠前，颜色越深。

③ 概念板块排名。

概念板块是指在特定的经济环境、政策环境或者社会事件的影响下，某些个股之间有着很强的相关性，因此在股票市场上形成的板块，比如AI概念、无人驾驶、华为概念等。概念板块是最容易被市场爆炒的板块，因为这个板块的题材通常充满了想象空间，常常会被资金拿来炒作。对概念板块进行排名，可以帮助投资者发现当下最热的题材是哪些，从而把握当下的主流热点。

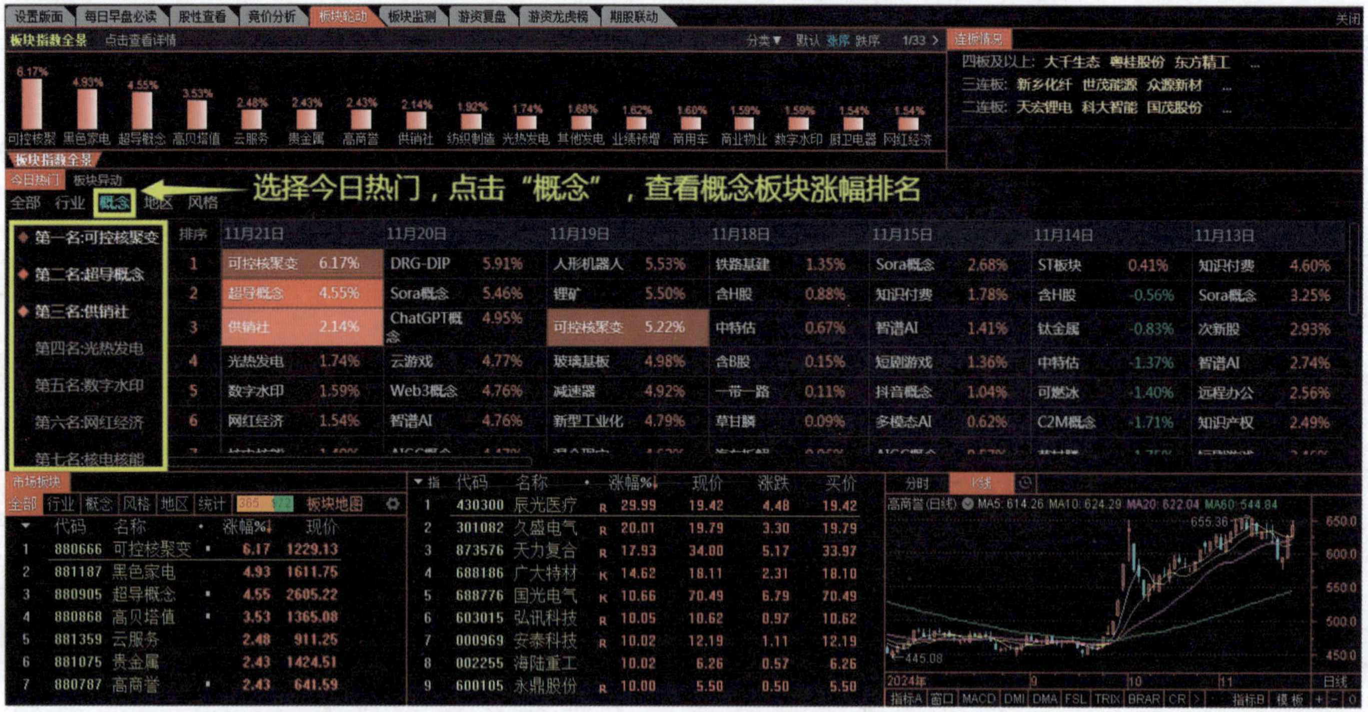

需要注意的是，今日热门概念板块排名的前三名在过往的热门排名里，会以深红、红色、浅红三种颜色标注，排名越靠前，颜色越深。

④ 地区板块排名。

地区板块是根据公司注册地或主要经营地区来划分的，如长三角板块、珠三角板块等。对于一个上市公司来说，不能脱离其所属地域的经济整体发展水平，所以不同地域的上市公司，其质量往往也是参差不齐的。通过地区板块排名，可以迅速锁定未来发展向好的地区，如京津冀一体化的京津冀板块、新三线建设的川渝板块等。

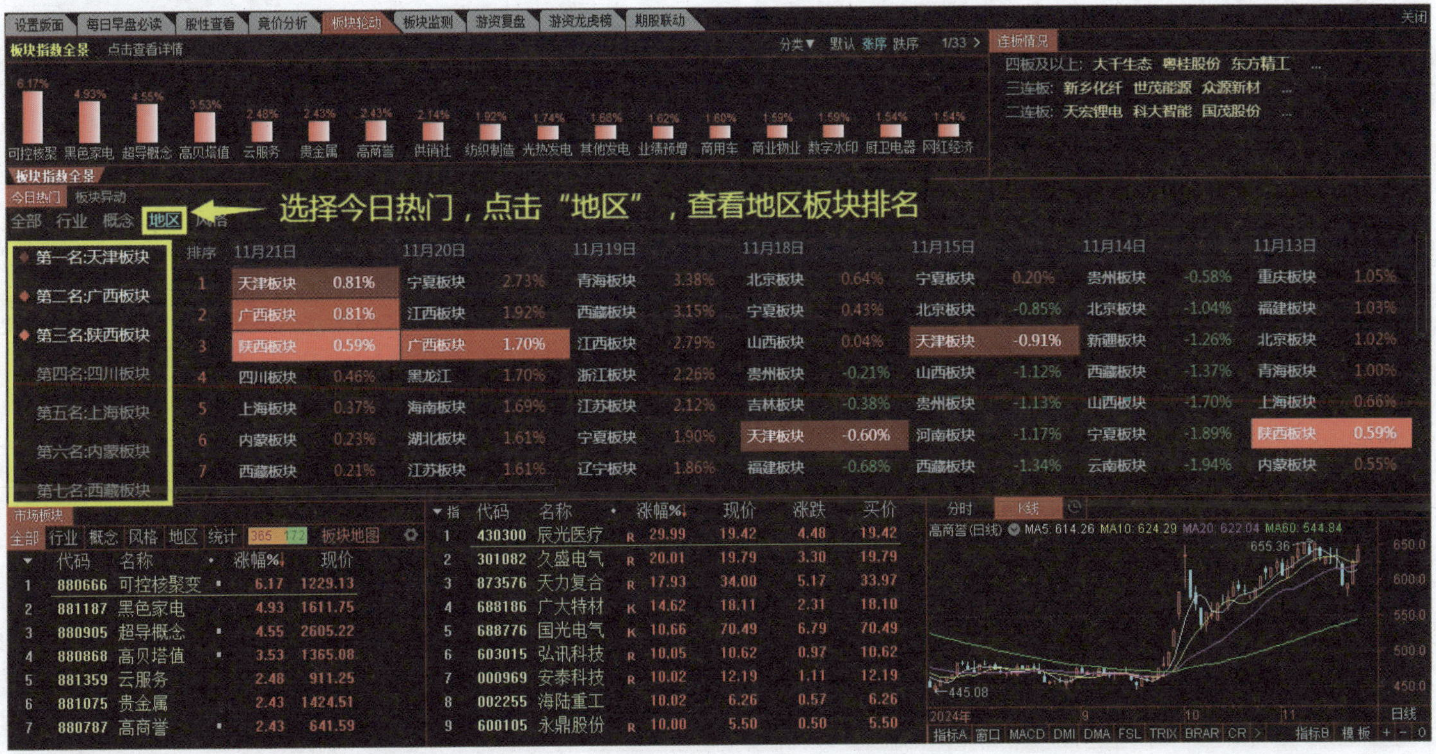

需要注意的是，今日热门地区板块排名的前三名在过往的热门排名里，会以深红、红色、浅红三种颜色标注，排名越靠前，颜色越深。

⑤风格板块排名。

风格板块是指在股市中将股票按照其特定特征和行为分类的一种方法。通过将股票分为不同的风格板块，投资者可以更好地了解市场动态和趋势，从而制定更有效的投资策略。

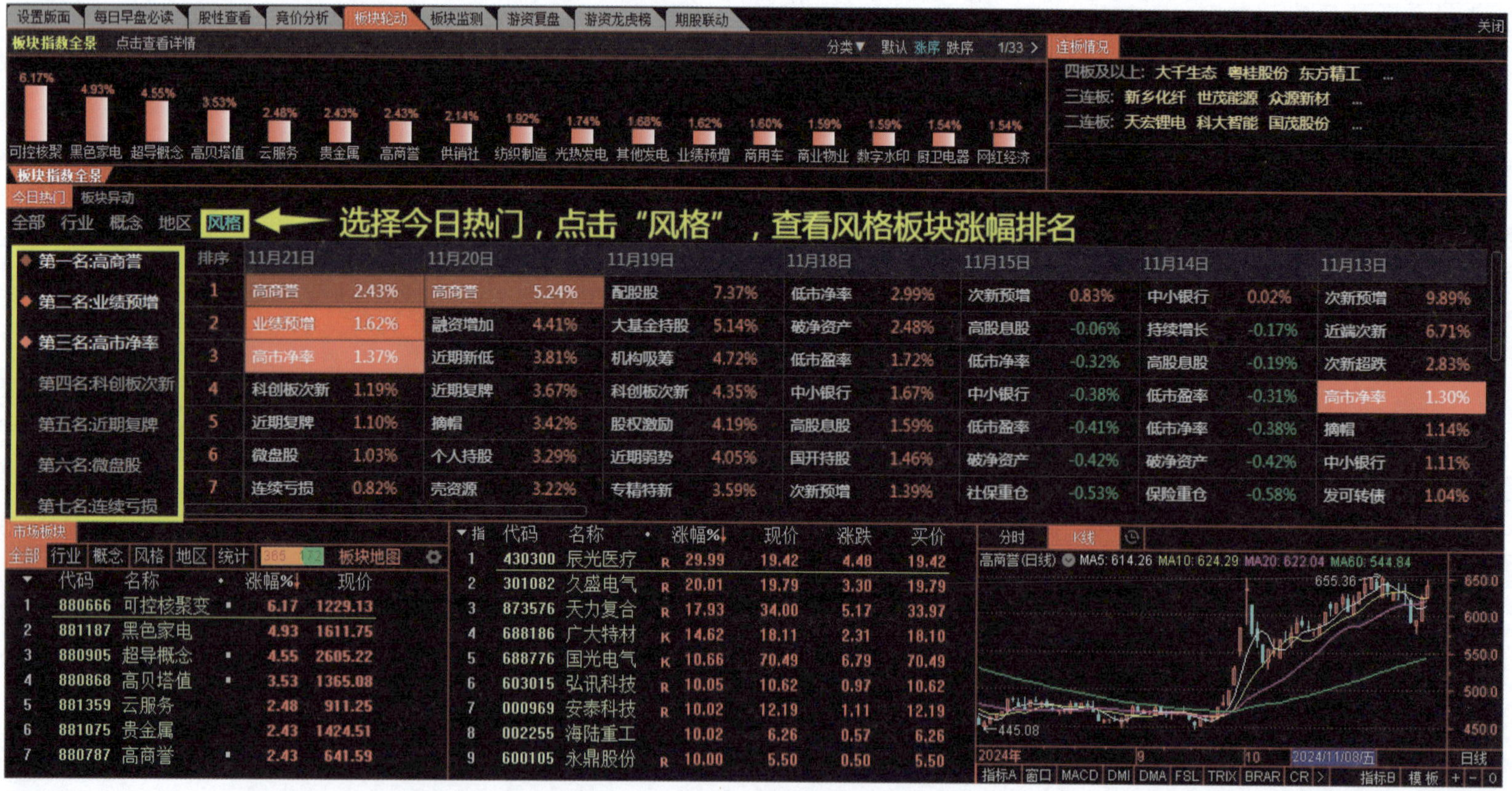

需要注意的是，今日热门风格板块排名的前三名在过往的热门排名里，会以深红、红色、浅红三种颜色标注，排名越靠前，颜色越深。

在通达信软件中，风格板块的定义更加具体。

次新开板：次新股上市后打开一字板，保留20个交易日。

最近闪拉/闪跌：近5个交易日内有闪拉/闪跌行为的股票（2分钟内涨/跌幅达到6%）。

最近多板：近期涨停次数≥2，剔除ST、未开板次新股。

最近异动：非停牌股，近三日换手率>25%，近三日平均振幅>7%。

昨高换手：昨日换手率达到15%（科创板、创业板为30%）的股票。

对风格板块进行排名，可以帮助投资者更容易找到适合自己的投资风格，借助工具迅速锁定对应的股票，提高投资效率。

（2）板块异动

板块异动是对今日热门板块的一个辅助参考，通过对板块异动的分析，可以有效地把握今日热门板块，毕竟热门板块最初都是从异动板块里走出来的。

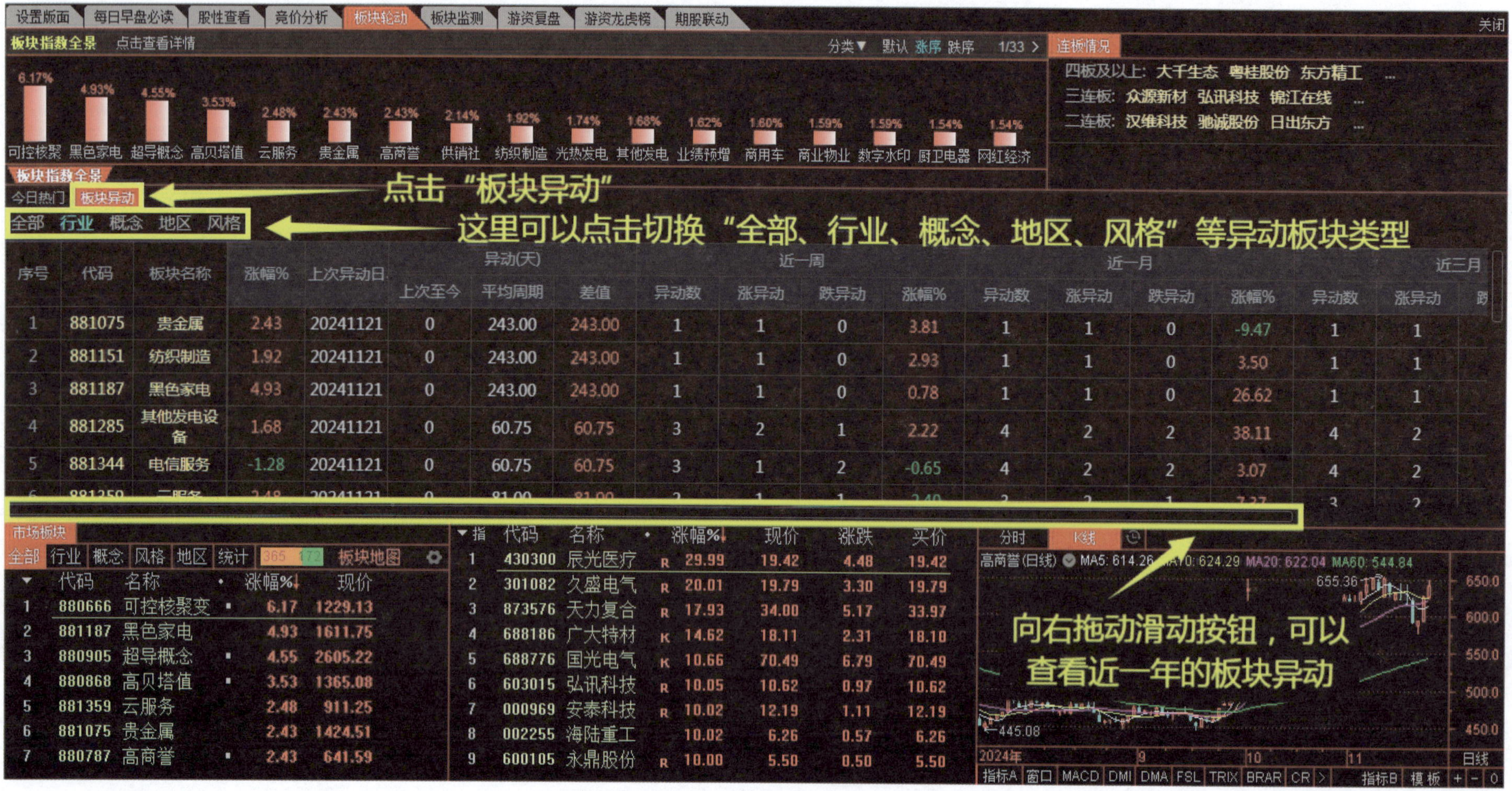
点击“板块异动”
这里可以点击切换“全部、行业、概念、地区、风格”等异动板块类型
向右拖动滑动按钮，可以
查看近一年的板块异动

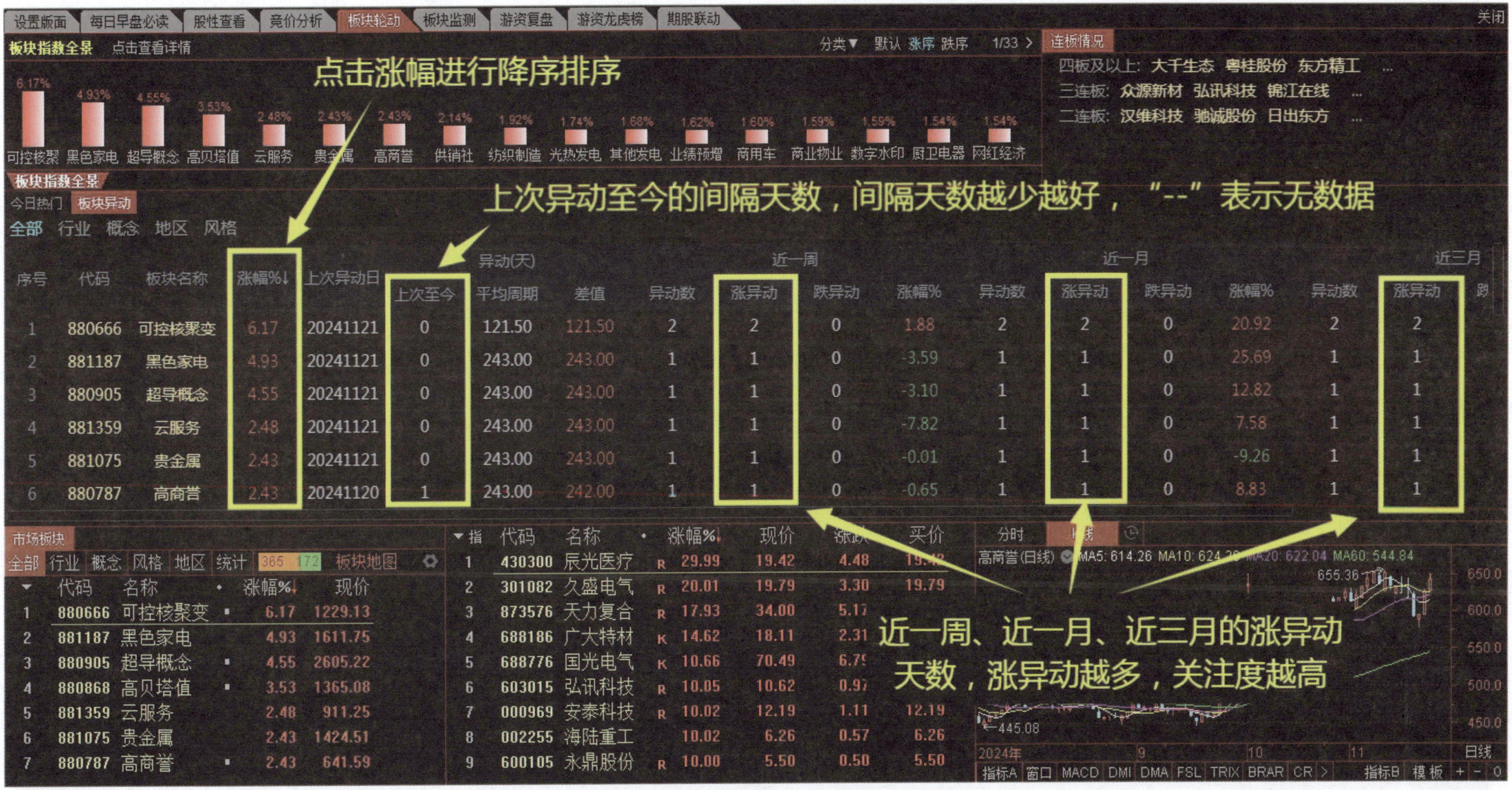
点击涨幅进行降序排序
上次异动至今的间隔天数，间隔天数越少越好，“--”表示无数据
近一周、近一月、近三月的涨异动
天数，涨异动越多，关注度越高

2. 今日热门功能的作用

通达信的今日热门功能主要是为了帮助投资者更好地了解当前市场的关注点在哪里，资金主要在哪些方向进行交易，进而有帮于把握市场的交易热点，从而更加快速地获取短线收益。

查看股市今日热门板块的作用，主要体现在以下几个方面。

（1）捕捉短期上涨机会

今日热门中的股票往往具有较高的上涨潜力，因为这些板块通常受到市场资金的追捧，短期内可能出现较大的涨幅。投资者可以通过关注热门板块来寻找短期内可能上涨的股票。

（2）预测市场趋势

了解今日热门可以帮助投资者预测下一阶段的市场热点，从而提前做好投资准备。热门板块和龙头股的走势往往能够影响大盘指数和市场人气，从而反映市场的整体趋势。

（3）判断市场情绪

今日热门的活跃程度可以反映市场的整体情绪和资金流向。当某个板块成为热门时，通常意味着大量资金涌入该领域，这可以作为市场情绪的一个指标。

（4）提高投资决策的准确性

通过分析今日热门，投资者可以更好地把握市场动态，做出更为准确的投资决策。热门板块内的股票通常有较高的交易量和市场关注度，投资机会更多。

（5）分散投资风险

投资今日热门的股票，可以分散投资风险。由于热门板块内的股票通常有较高的流动性和市场关注度，投资者可以通过买卖这些股票来调整投资组合，降低单一股票带来的风险。

3. 今日热门实战分享

（1）今日热门分析

投资者根据通达信今日热门板块，可以直观地得知当下市场的热点。接下来应对热点进行具体分析，主要分析今日热门板块涨幅排名、今日热门所属板块、今日热门的炒作持续性及今日热门板块异动排名。

① 锁定今日热门板块。

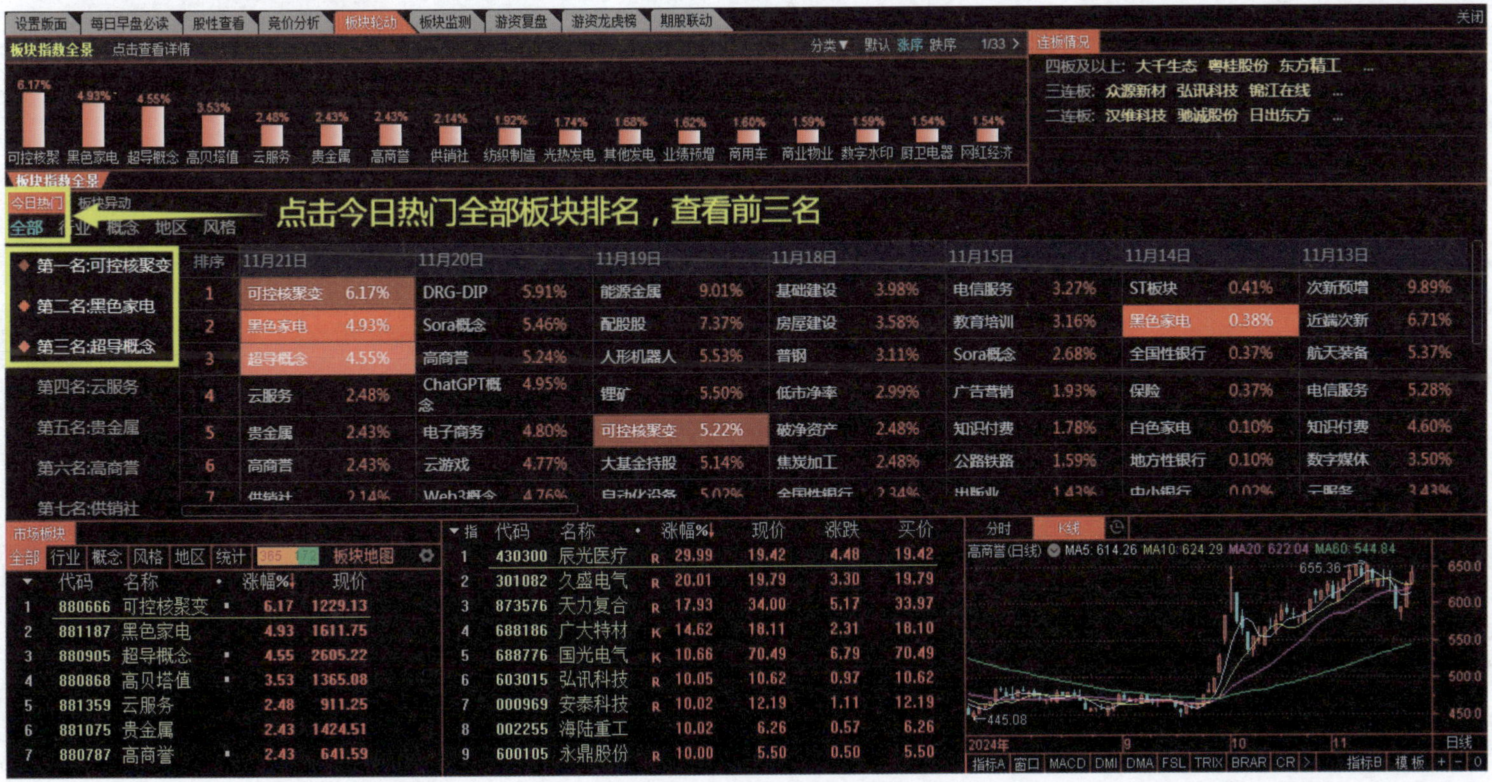

左图中，锁定了全部板块中的可控核聚变、黑色家电和超导概念这三个涨幅靠前的板块。

② 定位板块类别。

通过选择今日热门的“行业”“概念”“地区”“风格”四大类别，找到各类别对应的板块前三名。

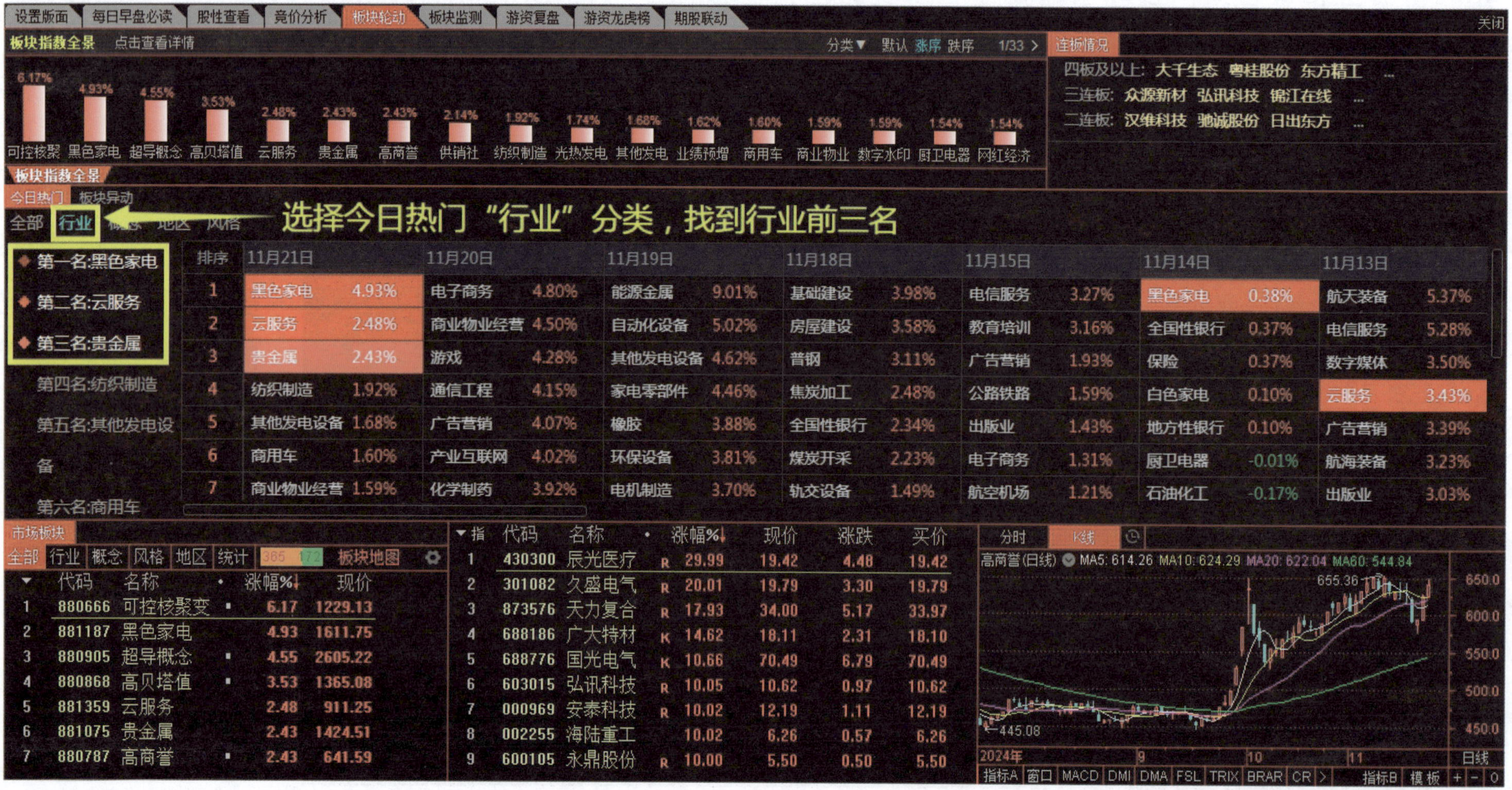

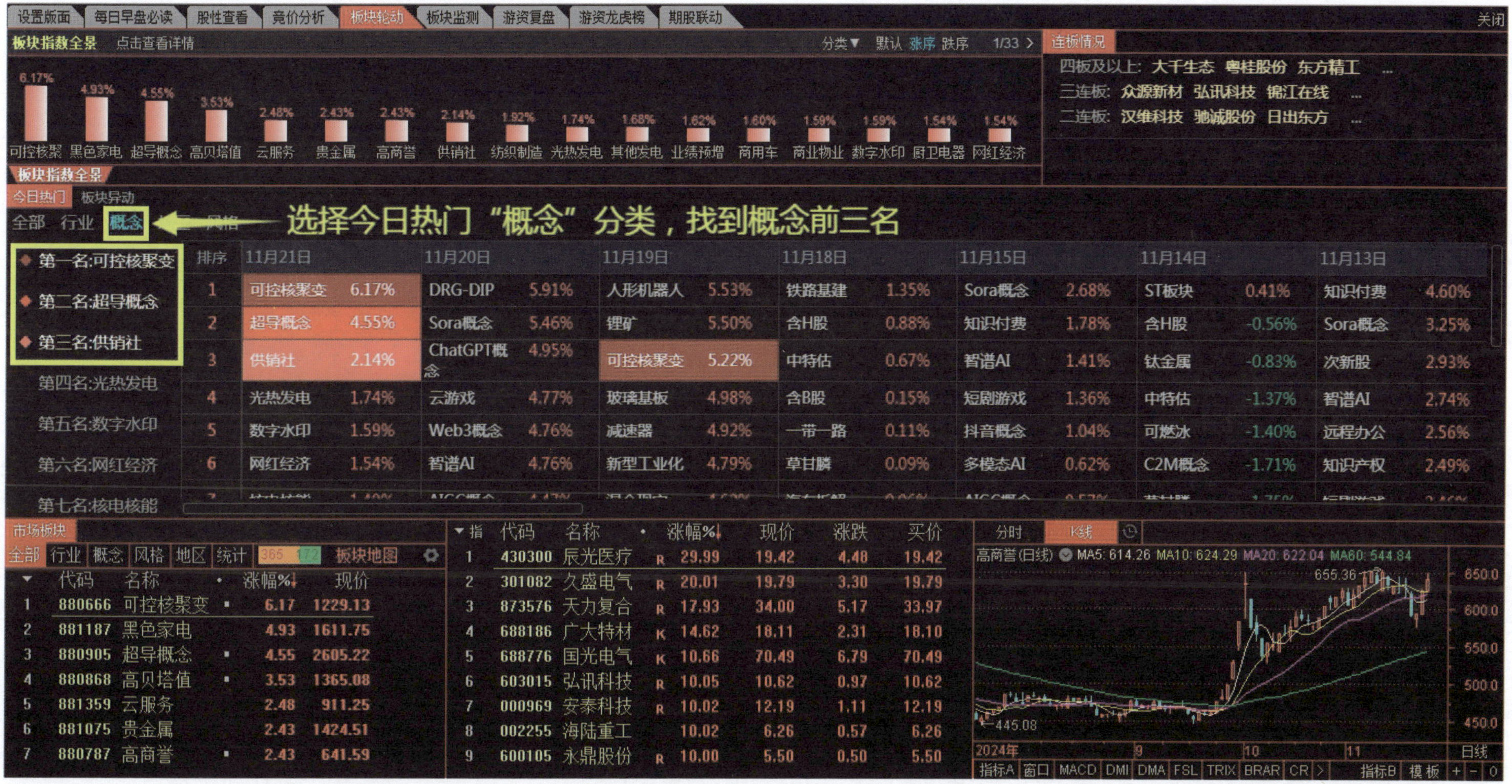
设置版面 每日早盘必读 股性查看 竞价分析 板块轮动 板块监测 游资复盘 游资龙虎榜 期股联动
板块指数全景 点击查看详情
连板情况
四板及以上：大千生态 粤桂股份 东方精工
三连板：众源新材 弘讯科技 锦江在线
二连板：汉维科技 驰诚股份 日出东方
可控核聚 黑色家电 超导概念 高贝塔值 云服务 贵金属 高商誉 供销社 纺织制造 光热发电 其他发电 业绩预增 商用车 商业物业 数字水印 厨卫电器 网红经济
今日热门 板块异动
全部 行业 概念 风格
选择今日热门“概念”分类，找到概念前三名
第一名:可控核聚变
第二名:超导概念
第三名:供销社
第四名:光热发电
第五名:数字水印
第六名:网红经济
第七名:核电核能
排序 11月21日 11月20日 11月19日 11月18日 11月15日 11月14日 11月13日
市场板块
板块地图
分时 K线
高商誉(日线)

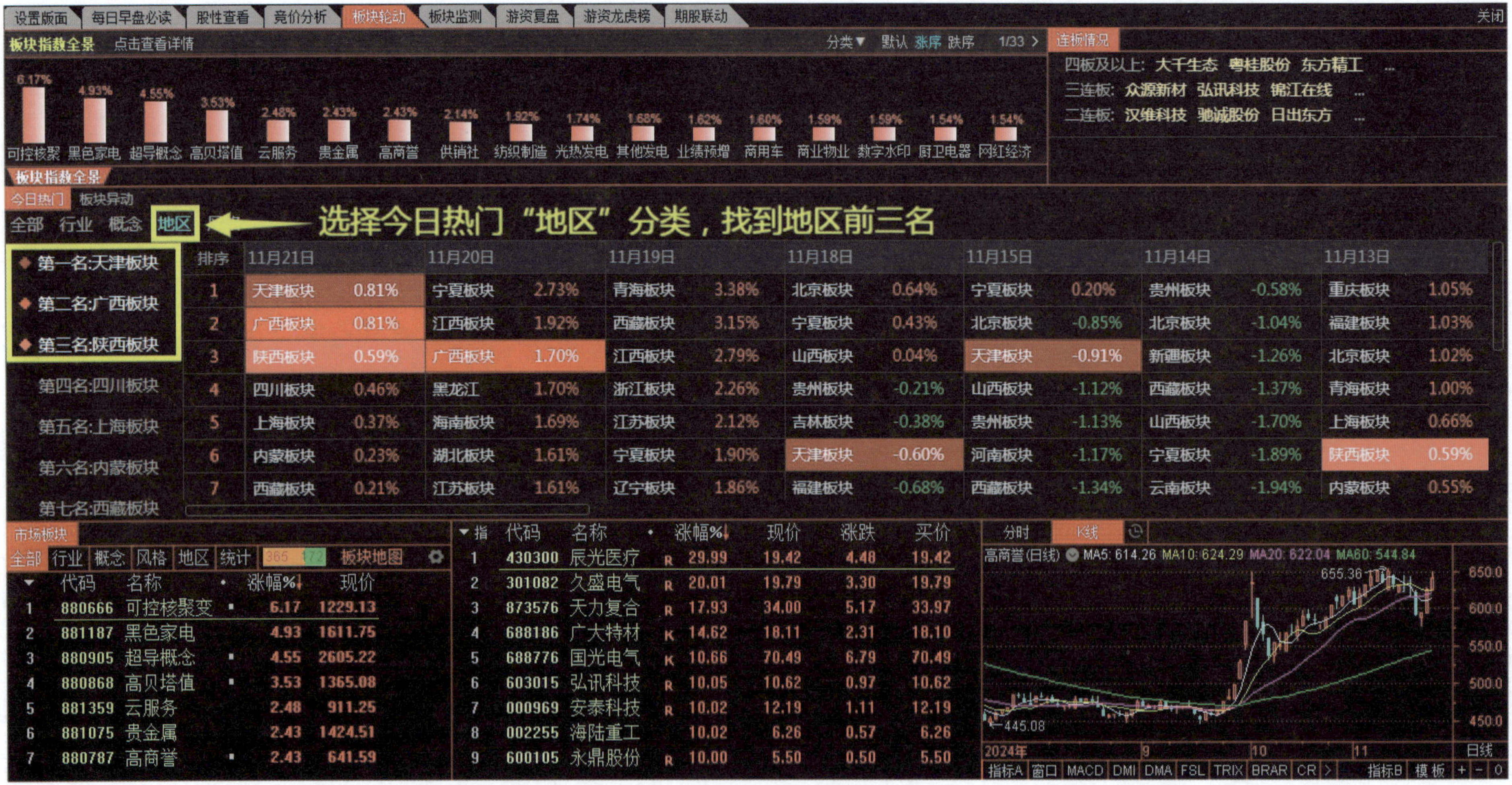
设置版面
每日早盘必读
股性查看
竞价分析
板块轮动
板块监测
游资复盘
游资龙虎榜
期股联动
关闭
板块指数全景
点击查看详情
连板情况
四板及以上: 大千生态 粤桂股份 东方精工
三连板: 众源新材 弘讯科技 锦江在线
二连板: 汉维科技 驰诚股份 日出东方
今日热门
板块异动
全部 行业 概念 地区
选择今日热门“地区”分类，找到地区前三名
第一名:天津板块
第二名:广西板块
第三名:陕西板块
第四名:四川板块
第五名:上海板块
第六名:内蒙板块
第七名:西藏板块
排序
11月21日
11月20日
11月19日
11月18日
11月15日
11月14日
11月13日
市场板块
代码 名称 涨幅% 现价
分时
K线

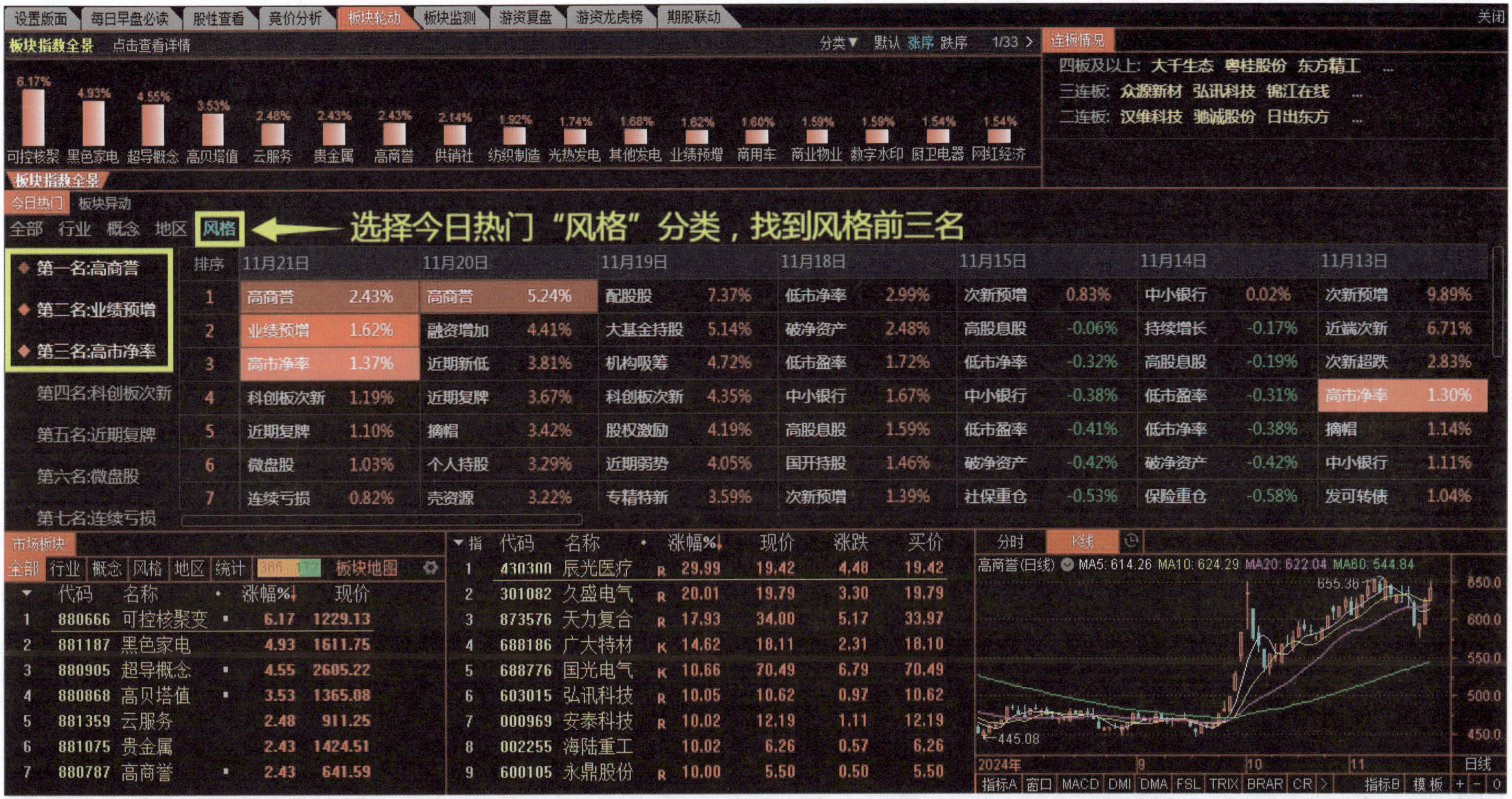

通过上面行业、概念、地区、风格四个类别的对比后，发现可控核聚变和超导概念这两个板块同属于概念类别，而黑色家电板块属于行业类别，都属于常见的资金炒作类别，那么接下来就要重点分析这三个板块在各自类别里的炒作持续性了。

③ 炒作持续性分析。

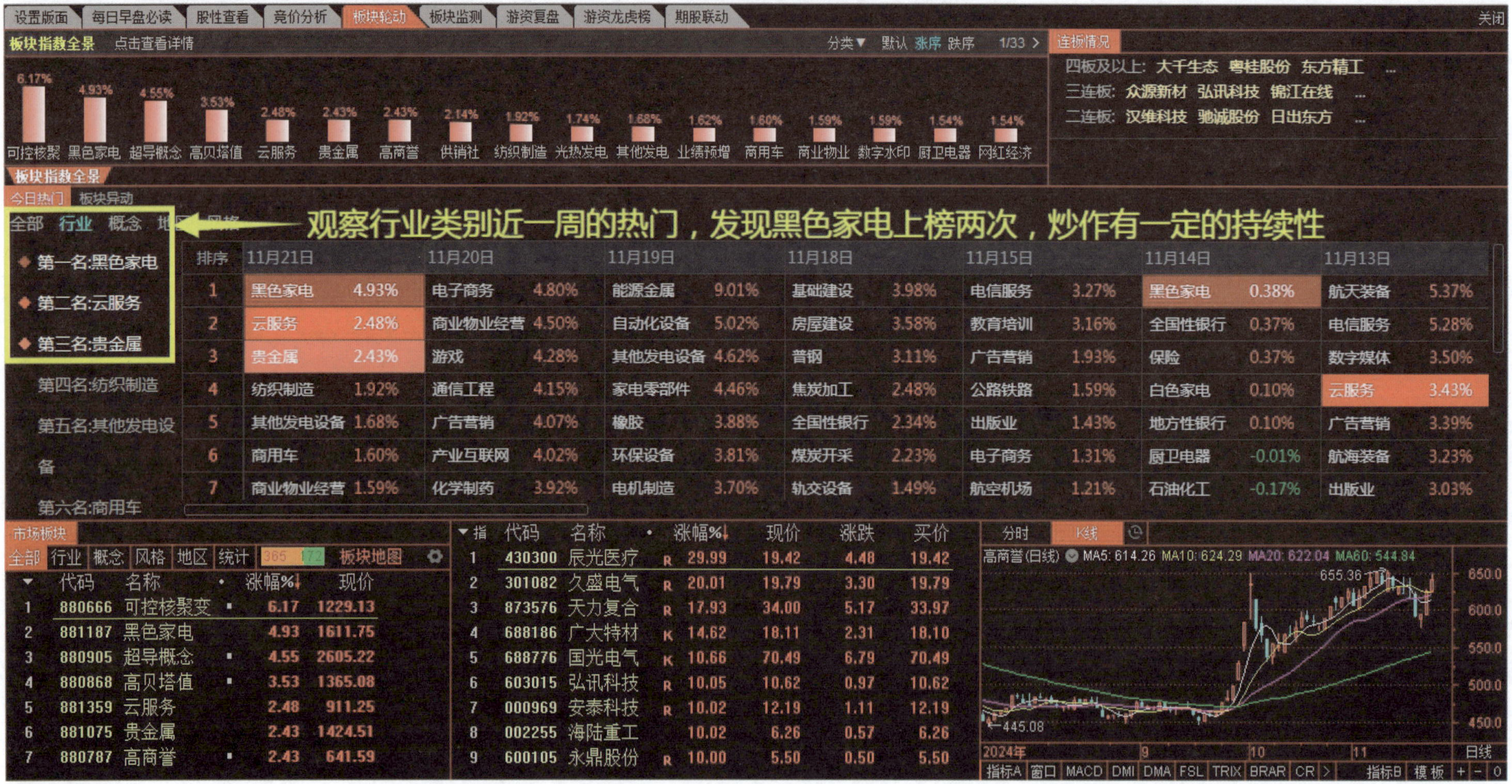
观察行业类别近一周的热门，发现黑色家电上榜两次，炒作有一定的持续性
第一名:黑色家电
第二名:云服务
第三名:贵金属
第四名:纺织制造
第五名:其他发电设备
第六名:商用车
连板情况
四板及以上: 大千生态 粤桂股份 东方精工
三连板: 众源新材 弘讯科技 锦江在线
二连板: 汉维科技 驰诚股份 日出东方

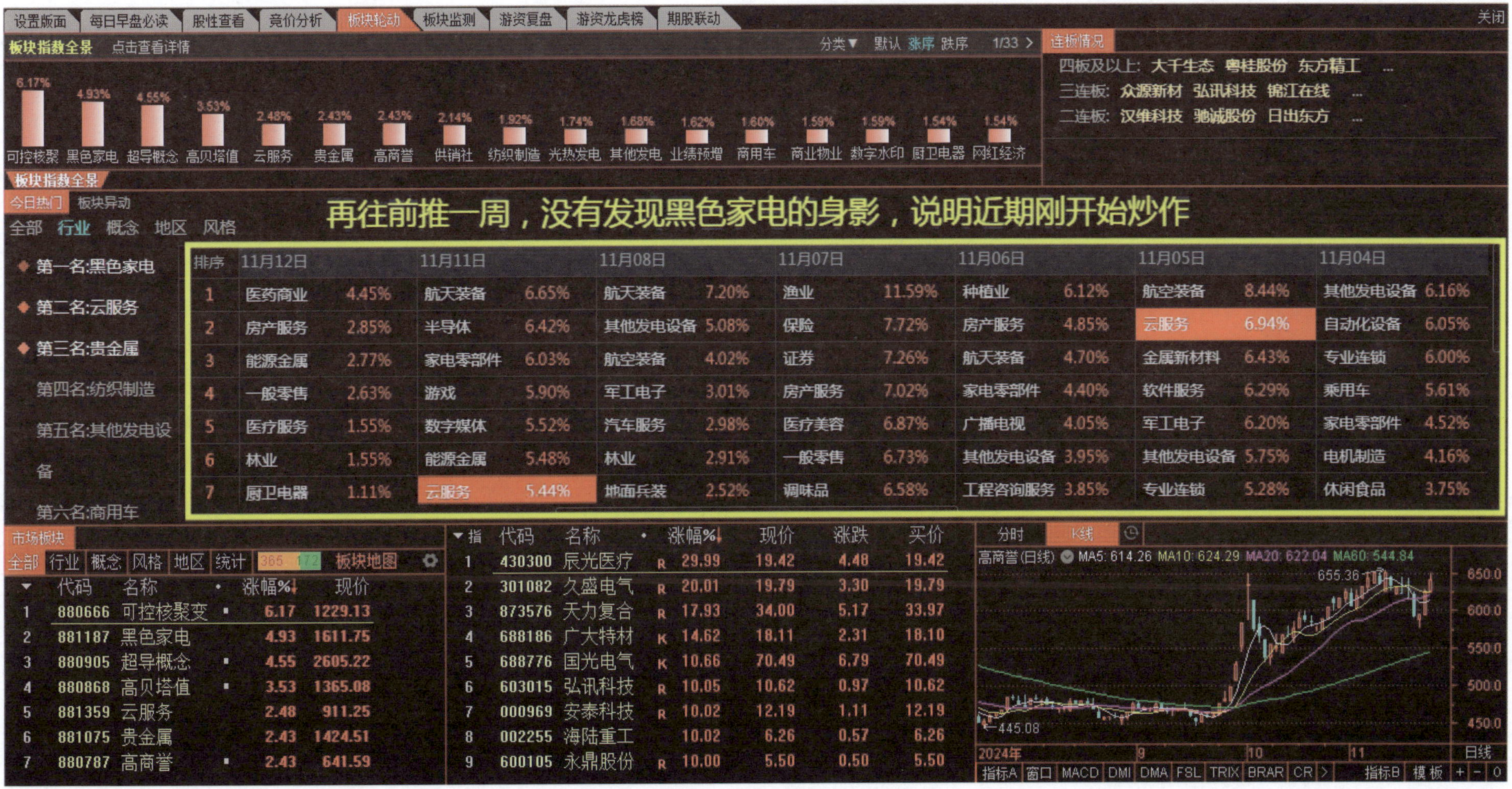
设置版面 每日早盘必读 股性查看 竞价分析 板块轮动 板块监测 游资复盘 游资龙虎榜 期股联动 关闭
板块指数全景 点击查看详情
分类▼ 默认 涨序 跌序 1/33
6.17% 4.93% 4.55% 3.53% 2.48% 2.43% 2.43% 2.14% 1.92% 1.74% 1.68% 1.62% 1.60% 1.59% 1.59% 1.54% 1.54%
可控核聚 黑色家电 超导概念 高贝塔值 云服务 贵金属 高商誉 供销社 纺织制造 光热发电 其他发电 业绩预增 商用车 商业物业 数字水印 厨卫电器 网红经济
连板情况
四板及以上: 大千生态 粤桂股份 东方精工 ...
三连板: 众源新材 弘讯科技 锦江在线 ...
二连板: 汉维科技 驰诚股份 日出东方 ...
板块指数全景
今日热门 板块异动
全部 行业 概念 地区 风格
再往前推一周，没有发现黑色家电的身影，说明近期刚开始炒作
第一名:黑色家电
第二名:云服务
第三名:贵金属
第四名:纺织制造
第五名:其他发电设备
第六名:商用车
排序 11月12日 11月11日 11月08日 11月07日 11月06日 11月05日 11月04日
1 医药商业 4.45% 航天装备 6.65% 航天装备 7.20% 渔业 11.59% 种植业 6.12% 航空装备 8.44% 其他发电设备 6.16%
2 房产服务 2.85% 半导体 6.42% 其他发电设备 5.08% 保险 7.72% 房产服务 4.85% 云服务 6.94% 自动化设备 6.05%
3 能源金属 2.77% 家电零部件 6.03% 航空装备 4.02% 证券 7.26% 航天装备 4.70% 金属新材料 6.43% 专业连锁 6.00%
4 一般零售 2.63% 游戏 5.90% 军工电子 3.01% 房产服务 7.02% 家电零部件 4.40% 软件服务 6.29% 乘用车 5.61%
5 医疗服务 1.55% 数字媒体 5.52% 汽车服务 2.98% 医疗美容 6.87% 广播电视 4.05% 军工电子 6.20% 家电零部件 4.52%
6 林业 1.55% 能源金属 5.48% 林业 2.91% 一般零售 6.73% 其他发电设备 3.95% 其他发电设备 5.75% 电机制造 4.16%
7 厨卫电器 1.11% 云服务 5.44% 地面兵装 2.52% 调味品 6.58% 工程咨询服务 3.85% 专业连锁 5.28% 休闲食品 3.75%
市场板块
全部 行业 概念 风格 地区 统计 365 172 板块地图
代码 名称 涨幅% 现价
1 880666 可控核聚变 6.17 1229.13
2 881187 黑色家电 4.93 1611.75
3 880905 超导概念 4.55 2605.22
4 880868 高贝塔值 3.53 1365.08
5 881359 云服务 2.48 911.25
6 881075 贵金属 2.43 1424.51
7 880787 高商誉 2.43 641.59
指 代码 名称 涨幅% 现价 涨跌 买价
1 430300 辰光医疗 29.99 19.42 4.48 19.42
2 301082 久盛电气 20.01 19.79 3.30 19.79
3 873576 天力复合 17.93 34.00 5.17 33.97
4 688186 广大特材 14.62 18.11 2.31 18.10
5 688776 国光电气 10.66 70.49 6.79 70.49
6 603015 弘讯科技 10.05 10.62 0.97 10.62
7 000969 安泰科技 10.02 12.19 1.11 12.19
8 002255 海陆重工 10.02 6.26 0.57 6.26
9 600105 永鼎股份 10.00 5.50 0.50 5.50
分时 K线
高商誉(日线) MA5: 614.26 MA10: 624.29 MA20: 622.04 MA60: 544.84
655.36
445.08
650.0 600.0 550.0 500.0 450.0
2024年 9 10 11 日线
指标A 窗口 MACD DMI DMA FSL TRIX BRAR CR 指标B 模板

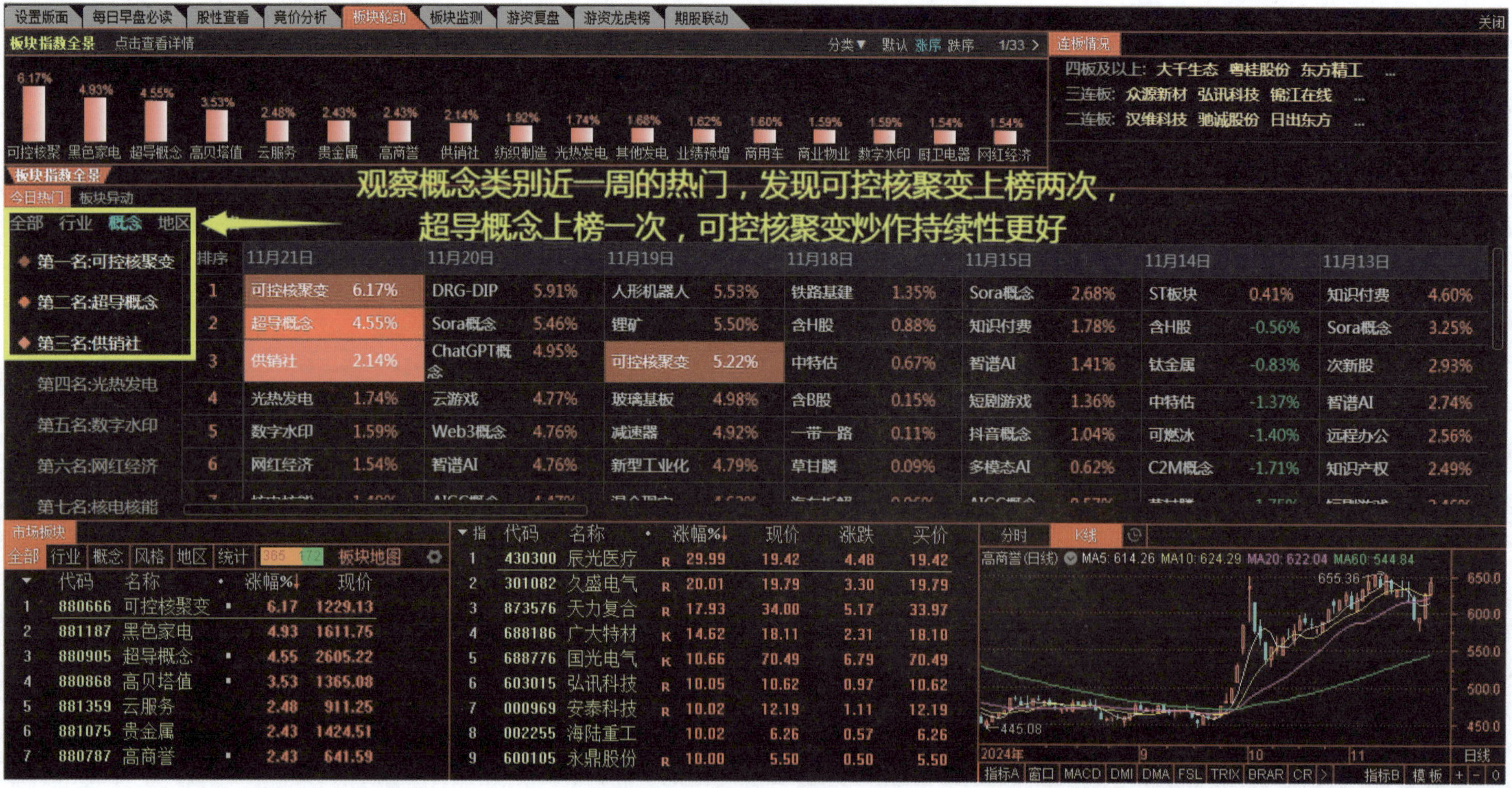
观察概念类别近一周的热门，发现可控核聚变上榜两次，
超导概念上榜一次，可控核聚变炒作持续性更好
第一名:可控核聚变
第二名:超导概念
第三名:供销社

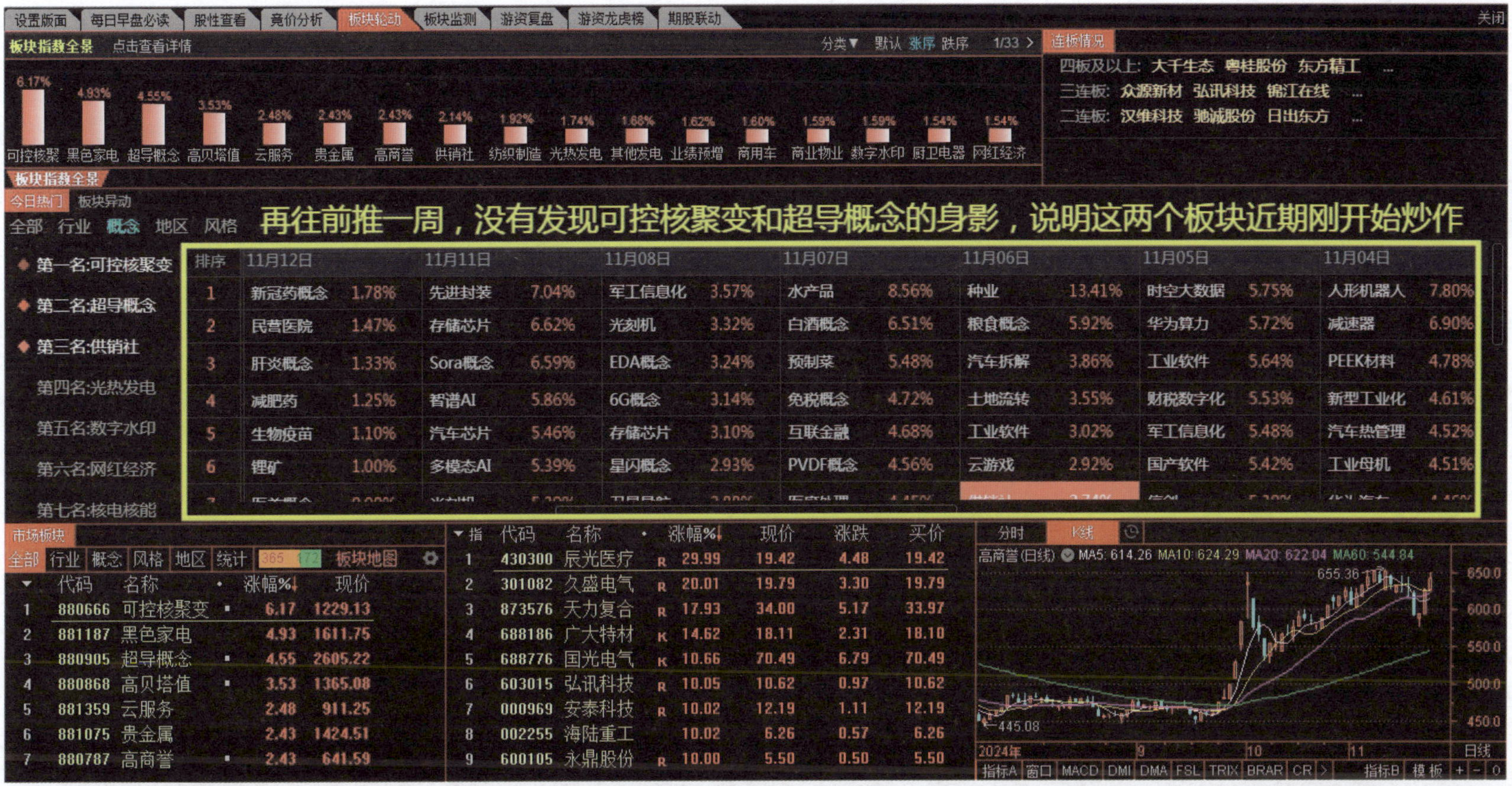

今日热门板块在近一周的交易日里，如果连续两次上榜，就说明炒作有一定的持续性。通过观察发现，黑色家电和可控核聚变近一周均上榜两次，不同的是黑色家电两次上榜分别是11月14日和11月21日，间隔的时间比较长；而可控核聚变的两次上榜时间分别为11月19日和11月21日，间隔时间更短。很明显，可控核聚变的炒作持续性更好，说明资金近期对可控核聚变的关注度更高，这里也更容易有赚钱效应。

但到这里也不是万事大吉了，还需要通过板块异动做进一步分析。

（2）板块异动分析

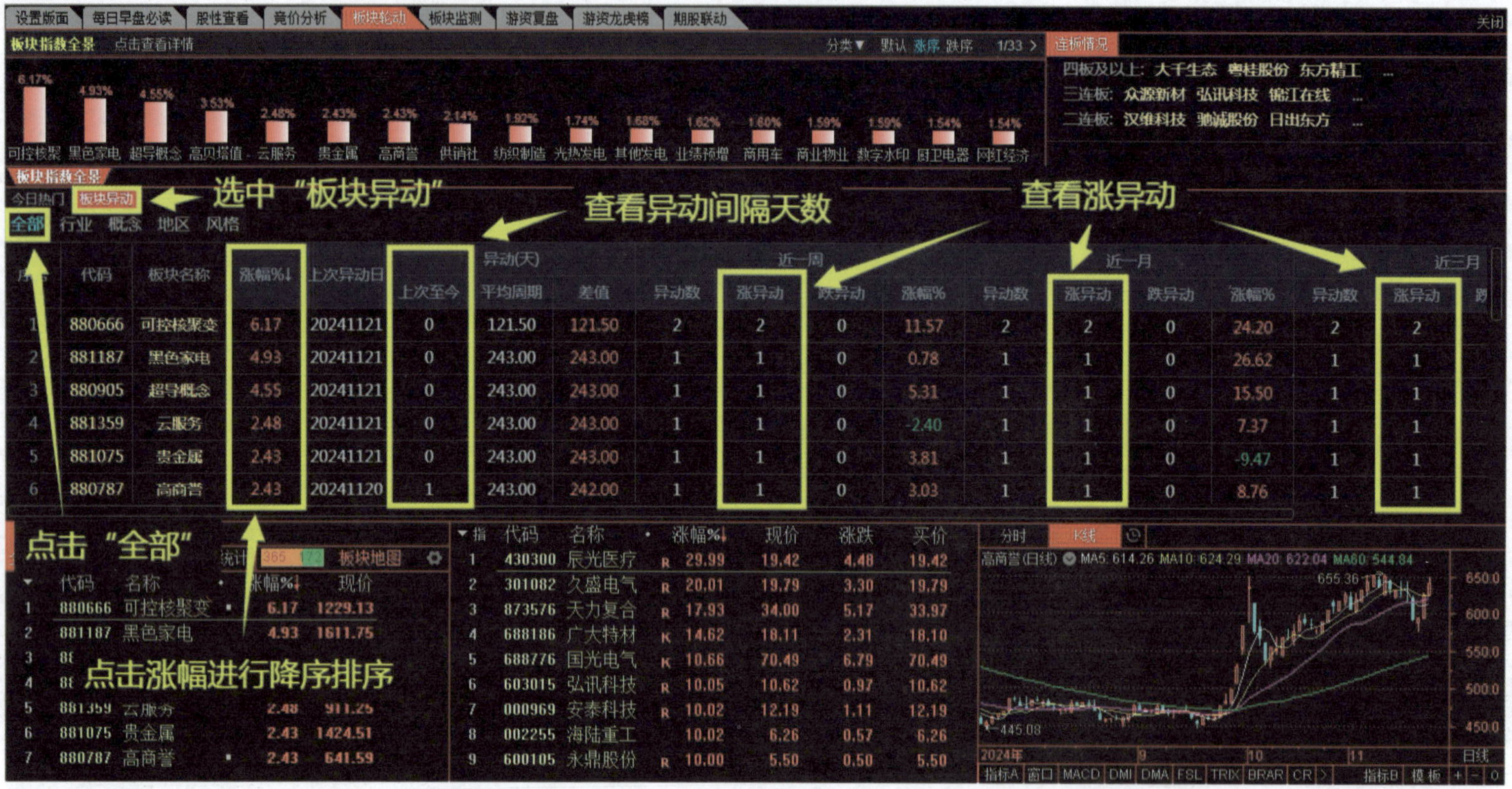

选中“板块异动”，点击“全部”类别，点击“涨幅”进行降序排序。对比可控核聚变、黑色家电和超导概念这三个板块后，发现可控核聚变的涨幅是最高的，上次至今异动的天数间隔为0，说明其上一个交易日也在异动上涨，近一周的涨异动也是最多的，出现了2次涨异动，说明最近其市场关注度非常高，交易机会明显。不管是涨幅、异动的天数间隔还是近期异动次数，可控核聚变的表现都是最好的。由此，可以确定最终要交易的热门板块是可控核聚变板块。

（四）市场板块功能介绍

1. 什么是市场板块

市场板块是指将股票市场中的公司按照其业务性质、行业归属或特定的市场特征进行分类的一种方式。这种分类有助于投资者更有效地进行投资决策，同时也为市场研究提供了便利。

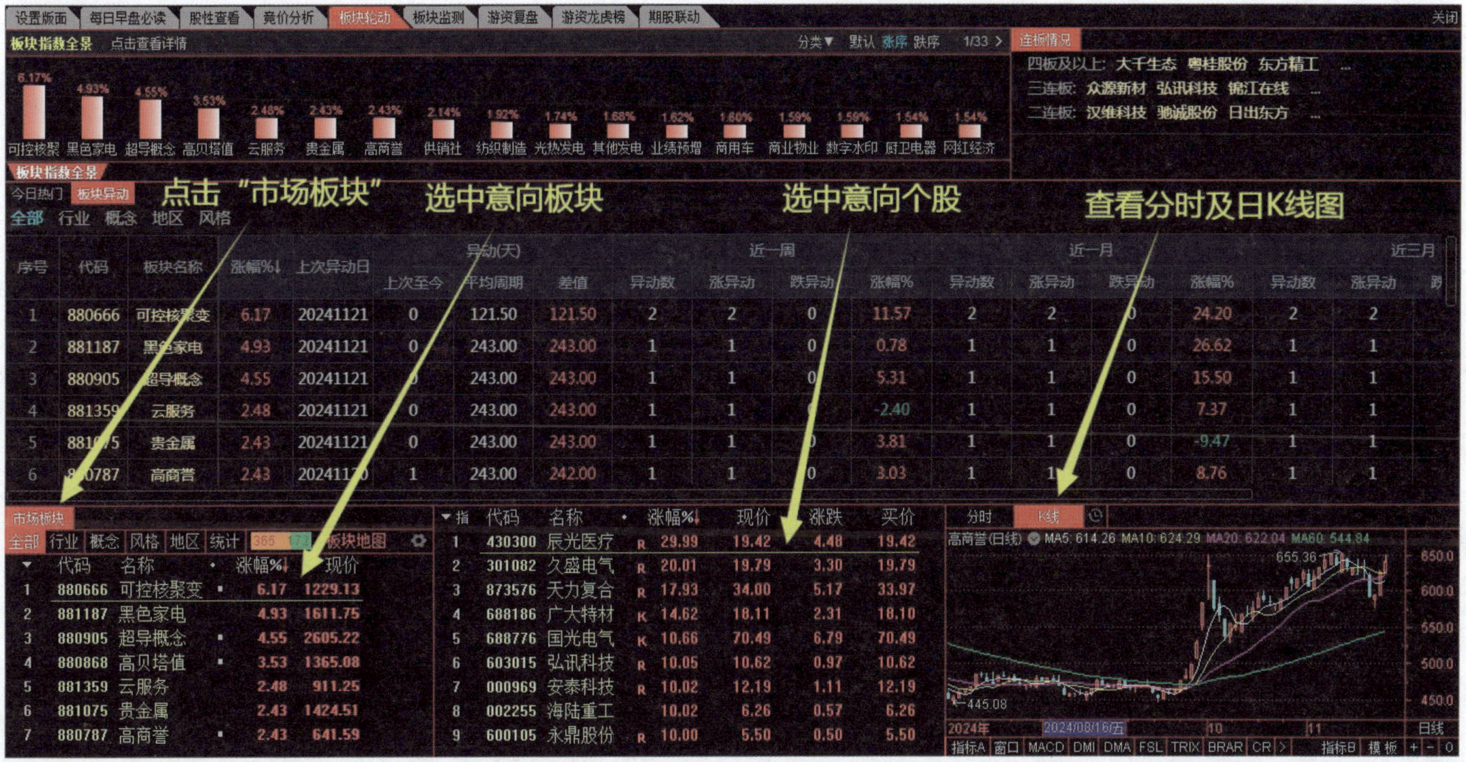

市场板块与今日热门板块一样，同样具有全部、行业、概念、风格、地区五大模块，不同的是市场板块增加了统计与板块地图两大模块。前五大模块在今日热门章节已经讲解过了，这里不再赘述，接下来着重讲解统计与板块地图这两大模块。

（1）统计模块简介

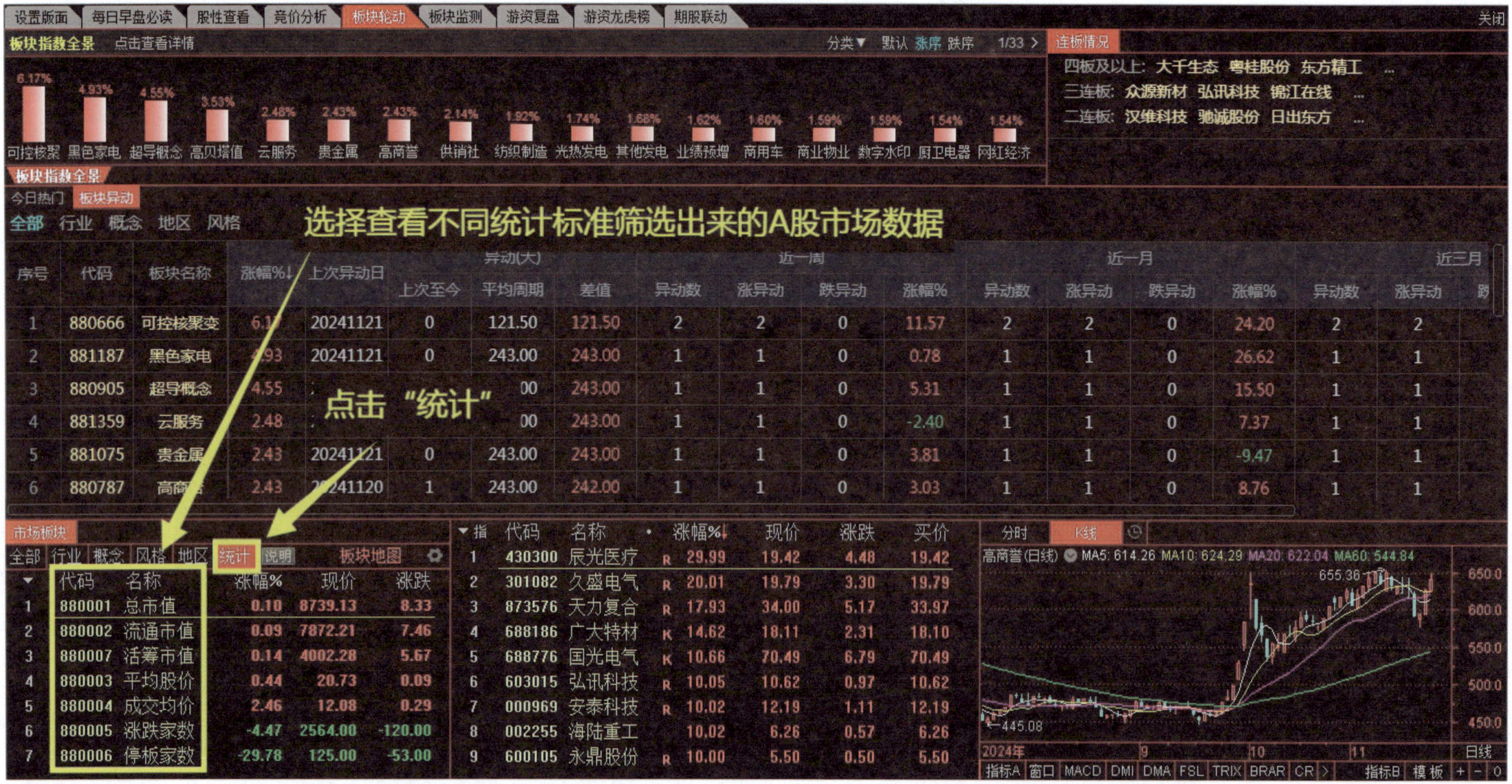
选择查看不同统计标准筛选出来的A股市场数据
点击“统计”

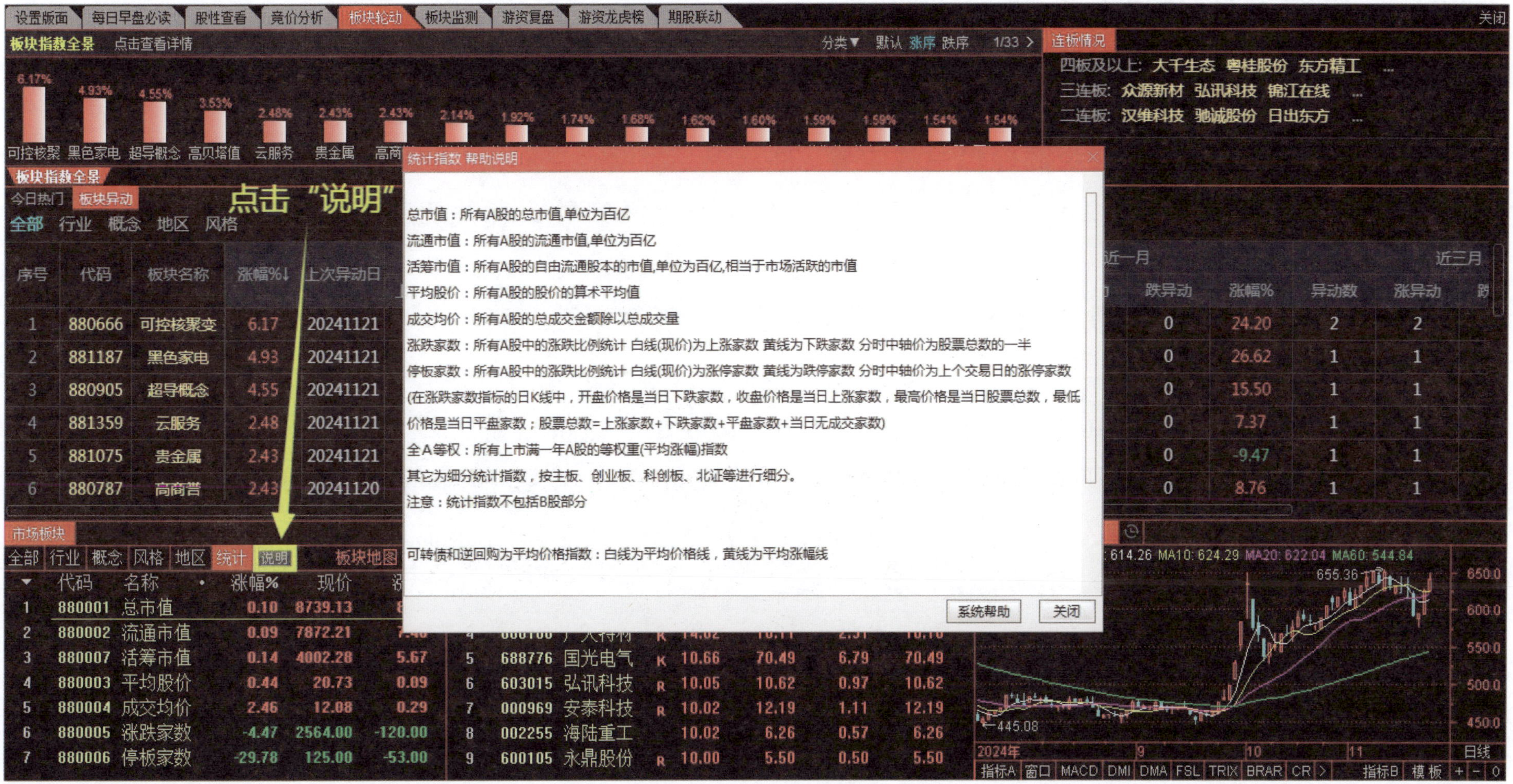
点击“说明”
统计指数 帮助说明
总市值：所有A股的总市值,单位为百亿
流通市值：所有A股的流通市值,单位为百亿
活筹市值：所有A股的自由流通股本的市值,单位为百亿,相当于市场活跃的市值
平均股价：所有A股的股价的算术平均值
成交均价：所有A股的总成交金额除以总成交量
涨跌家数：所有A股中的涨跌比例统计 白线(现价)为上涨家数 黄线为下跌家数 分时中轴价为股票总数的一半
停板家数：所有A股中的涨跌比例统计 白线(现价)为涨停家数 黄线为跌停家数 分时中轴价为上个交易日的涨停家数
(在涨跌家数指标的日K线中，开盘价格是当日下跌家数，收盘价格是当日上涨家数，最高价格是当日股票总数，最低价格是当日平盘家数；股票总数=上涨家数+下跌家数+平盘家数+当日无成交家数)
全A等权：所有上市满一年A股的等权重(平均涨幅)指数
其它为细分统计指数，按主板、创业板、科创板、北证等进行细分。
注意：统计指数不包括B股部分
可转债和逆回购为平均价格指数：白线为平均价格线，黄线为平均涨幅线
系统帮助
关闭

总市值： 所有A股的总市值，单位为百亿。

流通市值： 所有A股的流通市值，单位为百亿。

活筹市值： 所有A股的自由流通股本的市值，单位为百亿，相当于市场活跃的市值。

平均股价： 所有A股的股价的算术平均。

成交均价： 所有A股的总成交金额除以总成交量。

涨跌家数： 所有A股中的涨跌比例统计，白线（现价）为上涨家数，黄线为下跌家数，分时中轴价为股票总数的一半。

停板家数： 所有A股中的涨跌比例统计，白线（现价）为涨停家数，黄线为跌停家数，分时中轴价为上个交易日的涨停家数。

（在涨跌家数指标的日K线中，开盘价格是当日下跌家数，收盘价格是当日上涨家数，最高价格是当日股票总数，最低价格是当日平盘家数；股票总数=上涨家数+下跌家数+平盘家数+当日无成交家数）

全A等权： 所有上市满一年A股的等权重（平均涨幅）指数，其他为细分统计指数，按主板、创业板、科创板、北证等进行细分。

注意： 统计指数不包括B股部分。

可转债和逆回购为平均价格指数： 白线为平均价格线，黄线为平均涨幅线。

按回车或F5可进入统计指数的分时图和分析图。

板块指数中的涨停数统计不包括未开板次新股。

全部板块中不包括“昨日涨停、最近闪拉”等影响排名的部分行情特征风格板块。

（2）板块地图简介

在通达信软件中，有一个非常实用的“板块地图”功能。

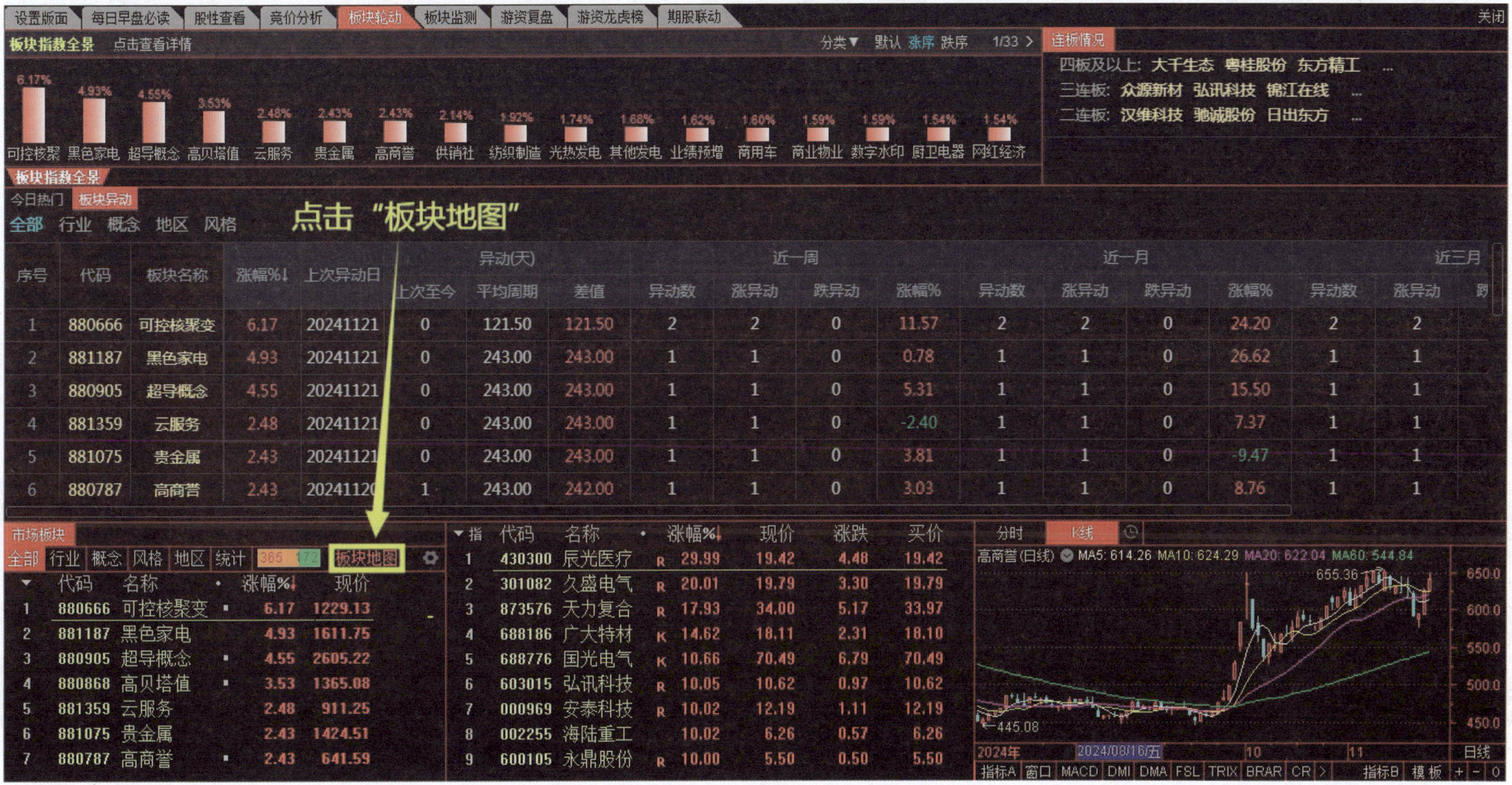

通达信金融终端
行情
市场
板块地图
设置版面
每日早盘必读
股性查看
板块指数全景
点击查看详情
可控核聚
黑色家电
超导概念
高贝塔值
今日热门
板块异动
全部
行业
概念
地区
风格
序号
代码
板块名称
涨幅%
1 880666 可控核聚变 6.17
2 881187 黑色家电 4.93
3 880905 超导概念 4.55
4 881359 云服务 2.48
5 881075 贵金属 2.43
6 880787 高商誉 2.43
市场板块
统计
名称
1 880666 可控核聚变
2 881187 黑色家电
3 880905 超导概念
4 880868 高贝塔值
5 881359 云服务
6 881075 贵金属
7 880787 高商誉
上证3370.40 2.41 0.07% 6145亿
行业板块
概念板块
风格板块
地区板块
今日涨幅
3日涨幅
5日涨幅
10日涨幅
20日涨幅
60日涨幅
年初至今
一级行业
上游重势(观察价格市场)
中游择时
下游选股(把握需求热点)
煤炭(0.39%)
石油(-0.41%)
化工(0.23%)
钢铁(0.11%)
有色(0.52%)
建材(-0.20%)
农林牧渔(0.20%)
食品饮料(-0.04%)
纺织服饰(0.61%)
轻工制造(0.39%)
家电(-0.06%)
商贸(1.10%)
汽车(0.38%)
医药医疗(-0.30%)
电力设备(0.38%)
国防军工(-0.25%)
机械设备(0.12%)
电子(-0.12%)
通信(-1.02%)
计算机(1.19%)
传媒(0.19%)
银行(-0.09%)
非银金融(0.51%)
建筑(-0.28%)
房地产(-0.37%)
社会服务(-0.67%)
交通运输(-0.33%)
公用事业(0.21%)
环保(-0.04%)
综合(0.75%)
煤炭开采(0.41%)
焦炭加工(-0.01%)
石油开采(-0.28%)
油服工程(-0.95%)
石油化工(-0.50%)
冶钢原料(0.45%)
普钢(-0.19%)
特钢(0.81%)
工业金属(0.30%)
贵金属(2.43%)
能源金属(-0.16%)
稀有金属(0.34%)
金属新材料(0.79%)
化纤(-0.25%)
化学原料(0.26%)
化学制品(0.20%)
塑料(0.75%)
橡胶(0.37%)
农用化工(0.38%)
水泥(-0.72%)
玻璃玻纤(0.02%)
装饰建材(0.18%)
非金属材料(-0.60%)
造纸(-0.07%)
包装印刷(0.49%)
电机制造(-1.06%)
电池(0.17%)
电网设备(1.00%)
光伏设备(0.18%)
风电设备(-0.38%)
其它发电设备(1.68%)
轨交设备(-0.18%)
通用设备(0.41%)
专用设备(0.50%)
航空装备(-0.83%)
航天装备(0.20%)
航海装备(0.40%)
军工电子(-0.12%)
地面兵装(0.01%)
工程机械(-0.41%)
自动化设备(-0.31%)
日用化工(0.14%)
种植业(-0.34%)
养殖业(0.52%)
林业(-0.18%)
渔业(-0.06%)
饲料(0.32%)
农产品加工(-0.38%)
动物保健(0.15%)
纺织制造(1.92%)
服装家纺(-0.19%)
饰品(0.04%)
家居用品(0.44%)
文娱用品(1.16%)
白色家电(-0.74%)
黑色家电(4.93%)
小家电(-0.68%)
厨卫电器(1.54%)
家电零部件(-0.74%)
一般零售(1.19%)
商业物业(1.59%)
专业连锁(-0.31%)
贸易(0.55%)
电子商务(1.45%)
乘用车(0.85%)
商用车(1.60%)
汽车零部件(-0.15%)
汽车服务(-0.82%)
摩托车及其他(1.03%)
房屋建设(0.33%)
基础建设(-0.60%)
专业工程(-0.23%)
工程咨询服务(-0.59%)
装修装饰(0.72%)
房地产开发(-0.35%)
房产服务(-0.69%)
金融盯流动
消费抓主题(消费、物流可以验证经济活力)
TMT看创新
全国性银行(-0.09%)
地方性银行(-0.11%)
证券(0.94%)
保险(0.23%)
多元金融(-0.97%)
服务保民生
电力(0.26%)
燃气(-0.21%)
水务(-0.10%)
环保设备(-0.05%)
环境治理(-0.08%)
环境监测(1.42%)
综合类(0.75%)
酿酒(-0.15%)
饮料乳品(0.33%)
调味品(0.09%)
休闲食品(0.32%)
食品加工(0.32%)
化学制药(0.04%)
生物制品(0.19%)
医疗器械(-0.99%)
医疗服务(-0.73%)
医药商业(-0.47%)
中药(-0.21%)
医疗美容(-1.00%)
体育(1.40%)
教育培训(-0.85%)
酒店餐饮(-0.61%)
旅游(0.13%)
专业服务(-1.33%)
公路铁路(0.46%)
航空机场(-0.45%)
航运港口(-0.68%)
物流(-0.75%)
半导体(0.50%)
消费电子(-0.81%)
光学光电(-0.74%)
元器件(-0.89%)
其他电子(0.92%)
通信设备(-0.97%)
电信服务(-1.28%)
通信工程(-0.31%)
IT设备(0.08%)
软件服务(1.39%)
云服务(2.48%)
产业互联网(1.25%)
游戏(0.32%)
广告营销(0.53%)
影视院线(0.96%)
数字媒体(0.62%)
出版业(-0.80%)
广电视(-0.40%)
20:38:50 周四
关闭
粤桂股份 东方精工
锦江在线
日出东方
近三月
涨幅%
异动数
涨异动
24.20 2 2
26.62 1 1
15.50 1 1
7.37 1 1
-9.47 1 1
8.76 1 1
MA20: 622.04 MA60: 544.84
655.36
650.0
600.0
550.0
500.0
450.0
日线
BRAR
CR
指标B
模板

在板块地图的左上角，通达信提供了行业板块、概念板块、风格板块、地区板块4个板块分类方式，默认的是行业板块，通过鼠标点击可以自由切换。

在行业板块中，最左侧为一级行业，然后按照顺序将上游、中游、下游行业从左到右排序，投资者可以非常方便地找到自己感兴趣的行业，并查看行业在产业链中的位置。

在板块地图的右上角，可以选择不同周期的涨跌幅排名。

另外，在板块地图中，还按照涨跌幅大小的不同，用不同颜色区分了不同的板块，涨幅最大的是紫色，其次依次是红色、粉色，跌幅最大的则是深绿色，其次依次是绿色、浅绿色。

这样，投资者在分析板块涨跌幅的过程中，对整体行情的把握就一目了然了。

2. 市场板块的作用

理解市场板块对投资者非常重要。

（1）帮助制定投资策略

不同的板块具有不同的风险和收益特征，投资者可以根据自身的风险偏好和投资目标选择合适的板块进行投资。

（2）帮助把握市场趋势

市场板块的动态变化往往反映了宏观经济和行业发展的趋势。通过对板块的深入分析，投资者可以更好地把握市场脉搏，及时调整投资组合。

例如，板块地图里，可以用两种相关联板块指数的涨跌幅变化来判断市场未来的走势。如图所示。

所示。

板块地图
行业板块
概念板块
风格板块
地区板块
今日涨幅
3日涨幅
5日涨幅
10日涨幅
20日涨幅
60日涨幅
年初至今
一级行业
煤炭(0.16%)
石油(-0.12%)
化工(4.22%)
钢铁(0.43%)
有色(4.32%)
建材(0.97%)
农林牧渔(2.01%)
食品饮料(0.06%)
纺织服饰(3.36%)
轻工制造(3.56%)
家电(1.90%)
商贸(6.01%)
汽车(2.20%)
医药医疗(3.50%)
电力设备(3.74%)
国防军工(2.60%)
机械设备(4.99%)
电子(3.67%)
通信(1.77%)
计算机(6.43%)
传媒(4.75%)
银行(-0.81%)
非银金融(1.46%)
建筑(-1.63%)
房地产(0.67%)
社会服务(1.76%)
交通运输(0.02%)
公用事业(0.94%)
环保(3.24%)
综合(6.42%)
上游重势(观察价格市场)
煤炭开采(0.05%)
焦炭加工(2.60%)
石油开采(-0.36%)
油服工程(0.27%)
石油化工(0.20%)
冶钢原料(4.16%)
普钢(-0.49%)
特钢(1.33%)
工业金属(2.62%)
贵金属(5.30%)
能源金属(9.73%)
稀有金属(3.87%)
金属新材料(5.97%)
中游择时
化纤(2.65%)
化学原料(4.47%)
化学制品(3.17%)
塑料(6.25%)
橡胶(6.60%)
农用化工(5.93%)
水泥(-0.63%)
玻璃玻纤(1.98%)
装饰建材(1.94%)
非金属材料(2.33%)
造纸(3.95%)
包装印刷(4.56%)
电机制造(6.15%)
电池(3.65%)
电网设备(3.43%)
光伏设备(3.00%)
风电设备(2.24%)
其它发电设备(9.03%)
轨交设备(-0.70%)
通用设备(6.00%)
专用设备(6.22%)
航空装备(2.37%)
航天装备(4.34%)
航海装备(-0.04%)
军工电子(4.08%)
地面兵装(3.53%)
工程机械(1.83%)
自动化设备(7.67%)
下游选股(把握需求热点)
日用化工(3.24%)
种植业(2.96%)
养殖业(1.34%)
林业(5.73%)
渔业(2.79%)
饲料(1.66%)
农产品加工(2.26%)
动物保健(3.95%)
纺织制造(5.38%)
服装家纺(2.29%)
饰品(2.09%)
家居用品(2.34%)
文娱用品(6.05%)
白色家电(-0.28%)
黑色家电(10.75%)
小家电(1.71%)
厨卫电器(4.42%)
家电零部件(5.51%)
一般零售(4.93%)
商业物业(8.67%)
专业连锁(4.80%)
贸易(4.07%)
电子商务(6.62%)
乘用车(-0.17%)
商用车(2.25%)
汽车零部件(3.63%)
汽车服务(2.69%)
摩托车及其他(4.31%)
房屋建设(-1.70%)
基础建设(-3.19%)
专业工程(-0.35%)
工程咨询服务(1.85%)
装修装饰(3.43%)
房地产开发(0.64%)
房产服务(1.45%)
金融盯流动
全国性银行(-0.88%)
地方性银行(-0.44%)
证券(2.81%)
保险(-0.55%)
多元金融(1.50%)
服务保民生
电力(0.72%)
燃气(2.94%)
水务(1.80%)
环保设备(4.60%)
环境治理(2.85%)
环境监测(6.37%)
综合类(6.41%)
消费抓主题(消费、物流可以验证经济活力)
酿酒(-0.47%)
饮料乳品(1.71%)
调味品(0.20%)
休闲食品(2.18%)
食品加工(3.38%)
化学制药(5.30%)
生物制品(3.81%)
医疗器械(3.29%)
医疗服务(3.23%)
医药商业(2.50%)
中药(1.55%)
医疗美容(1.34%)
体育(4.55%)
教育培训(3.61%)
酒店餐饮(0.86%)
旅游(3.04%)
专业服务(1.30%)
公路铁路(0.58%)
航空机场(1.12%)
航运港口(-0.63%)
物流(-0.76%)
TMT看创新
半导体(4.44%)
消费电子(2.28%)
光学光电(3.31%)
元器件(2.64%)
其他电子(7.30%)
通信设备(3.68%)
电信服务(-3.22%)
通信工程(5.20%)
IT设备(4.39%)
软件服务(7.18%)
云服务(7.30%)
产业互联网(7.83%)
游戏(6.63%)
广告营销(5.28%)
影视院线(6.37%)
数字媒体(6.31%)
出版业(1.41%)
广播电视(1.96%)

板块地图
行业板块
概念板块
风格板块
地区板块
今日涨幅
3日涨幅
5日涨幅
10日涨幅
20日涨幅
60日涨幅
年初至今
一级行业
煤炭(3.05%)
石油(0.85%)
化工(1.10%)
钢铁(1.21%)
有色(0.72%)
建材(-1.53%)
农林牧渔(-0.95%)
食品饮料(-1.90%)
纺织服饰(2.50%)
轻工制造(0.29%)
家电(-2.29%)
商贸(2.61%)
汽车(0.06%)
医药医疗(-0.02%)
电力设备(-1.25%)
国防军工(-3.35%)
机械设备(0.77%)
电子(-2.52%)
通信(-2.73%)
计算机(-2.35%)
传媒(0.27%)
银行(1.18%)
非银金融(-2.75%)
建筑(-0.17%)
房地产(-1.50%)
社会服务(-1.70%)
交通运输(1.42%)
公用事业(1.10%)
环保(1.61%)
综合(3.61%)
上游重势(观察价格市场)
煤炭开采(3.03%)
焦炭加工(3.34%)
石油开采(0.93%)
油服工程(0.87%)
石油化工(0.71%)
冶钢原料(2.32%)
普钢(1.51%)
特钢(-0.19%)
工业金属(0.58%)
贵金属(3.81%)
能源金属(1.65%)
稀有金属(-0.44%)
金属新材料(-1.76%)
中游择时
化纤(0.04%)
化学原料(2.97%)
化学制品(0.12%)
塑料(2.15%)
橡胶(1.95%)
农用化工(1.49%)
水泥(-1.22%)
玻璃玻纤(-1.66%)
装饰建材(-1.76%)
非金属材料(-3.24%)
造纸(2.43%)
包装印刷(0.03%)
电机制造(0.67%)
电池(-0.91%)
电网设备(0.19%)
光伏设备(-3.95%)
风电设备(-1.68%)
其它发电设备(2.22%)
轨交设备(-0.55%)
通用设备(0.93%)
专用设备(1.85%)
航空装备(-3.83%)
航天装备(-6.96%)
航海装备(-2.98%)
军工电子(-1.97%)
地面兵装(-2.27%)
工程机械(-1.34%)
自动化设备(1.29%)
下游选股(把握需求热点)
日用化工(-0.65%)
种植业(-2.24%)
养殖业(-1.14%)
林业(-0.80%)
渔业(1.47%)
饲料(-1.28%)
农产品加工(0.93%)
动物保健(1.24%)
纺织制造(2.92%)
服装家纺(3.08%)
饰品(-0.05%)
家居用品(-1.28%)
文娱用品(3.47%)
白色家电(-3.53%)
黑色家电(0.78%)
小家电(-1.39%)
厨卫电器(3.87%)
家电零部件(-1.45%)
一般零售(0.12%)
商业物业(7.68%)
专业连锁(-1.45%)
贸易(2.30%)
电子商务(3.14%)
乘用车(-0.84%)
商用车(1.41%)
汽车零部件(0.43%)
汽车服务(4.21%)
摩托车及其他(-1.12%)
房屋建设(0.84%)
基础建设(-0.28%)
专业工程(-0.77%)
工程咨询服务(-1.13%)
装修装饰(0.96%)
房地产开发(-1.34%)
房产服务(-4.95%)
金融盯流动
全国性银行(1.30%)
地方性银行(0.40%)
证券(-2.55%)
保险(-2.47%)
多元金融(-5.03%)
服务保民生
电力(1.02%)
燃气(2.07%)
水务(0.94%)
环保设备(3.42%)
环境治理(1.16%)
环境监测(3.36%)
综合类(3.61%)
消费抓主题(消费、物流可以验证经济活力)
酿酒(-2.35%)
饮料乳品(-0.17%)
调味品(-1.70%)
休闲食品(-0.93%)
食品加工(0.62%)
化学制药(1.95%)
生物制品(0.39%)
医疗器械(-0.31%)
医疗服务(-2.29%)
医药商业(-0.00%)
中药(-0.99%)
医疗美容(-4.48%)
体育(-0.01%)
教育培训(-3.89%)
酒店餐饮(-1.53%)
旅游(-0.65%)
专业服务(0.13%)
公路铁路(2.25%)
航空机场(3.84%)
航运港口(0.82%)
物流(-0.93%)
TMT看创新
半导体(-2.67%)
消费电子(-3.09%)
光学光电(-1.32%)
元器件(-2.63%)
其他电子(-0.98%)
通信设备(-3.69%)
电信服务(-0.65%)
通信工程(-0.17%)
IT设备(-1.94%)
软件服务(-2.63%)
云服务(-2.39%)
产业互联网(1.25%)
游戏(-1.31%)
广告营销(2.13%)
影视院线(0.95%)
数字媒体(-0.13%)
出版业(0.53%)
广播电视(-1.04%)

板块地图
行业板块
概念板块
风格板块
地区板块
今日涨幅
3日涨幅
5日涨幅
10日涨幅
20日涨幅
60日涨幅
年初至今
一级行业
上游重势(观察价格市场)
中游择时
下游选股(把握需求热点)
煤炭(-0.66%)
石油(-2.32%)
化工(-1.08%)
钢铁(-4.62%)
有色(-4.32%)
建材(-6.68%)
农林牧渔(-6.73%)
食品饮料(-6.39%)
纺织服饰(-0.09%)
轻工制造(-1.72%)
家电(-1.53%)
商贸(-0.77%)
汽车(0.48%)
医药医疗(-2.14%)
电力设备(-0.80%)
国防军工(-5.11%)
机械设备(-1.29%)
电子(-2.39%)
通信(-2.11%)
计算机(-1.34%)
传媒(-0.11%)
银行(-1.36%)
非银金融(-8.95%)
建筑(-5.03%)
房地产(-10.87%)
社会服务(-4.99%)
交通运输(-2.15%)
公用事业(-1.28%)
环保(-1.66%)
综合(3.33%)
煤炭开采(-0.53%)
焦炭加工(-3.30%)
石油开采(-2.72%)
油服工程(-4.43%)
石油化工(-1.14%)
冶钢原料(-1.25%)
普钢(-5.50%)
特钢(-3.70%)
工业金属(-6.06%)
贵金属(-1.20%)
能源金属(5.56%)
稀有金属(-6.91%)
金属新材料(-6.79%)
化纤(0.49%)
化学原料(-0.09%)
化学制品(-1.72%)
塑料(1.72%)
橡胶(-0.54%)
农用化工(-1.69%)
水泥(-7.38%)
玻璃玻纤(-4.98%)
装饰建材(-7.08%)
非金属材料(-5.85%)
造纸(0.91%)
包装印刷(1.20%)
电机制造(1.78%)
电池(2.28%)
电网设备(-1.82%)
光伏设备(-3.20%)
风电设备(-6.19%)
其它发电设备(-4.24%)
轨交设备(-5.20%)
通用设备(-1.06%)
专用设备(0.71%)
航空装备(-8.08%)
航天装备(3.79%)
航海装备(-4.82%)
军工电子(-3.84%)
地面兵装(-5.23%)
工程机械(-4.91%)
自动化设备(0.55%)
日用化工(-7.09%)
种植业(-8.25%)
养殖业(-7.11%)
林业(-2.80%)
渔业(-7.70%)
饲料(-5.49%)
农产品加工(-7.77%)
动物保健(-3.12%)
纺织制造(0.88%)
服装家纺(-0.42%)
饰品(-1.27%)
家居用品(-5.19%)
文娱用品(2.04%)
白色家电(-2.36%)
黑色家电(2.59%)
小家电(-3.22%)
厨卫电器(6.59%)
家电零部件(-1.44%)
一般零售(-3.37%)
商业物业(3.12%)
专业连锁(-7.74%)
贸易(-0.94%)
电子商务(4.82%)
乘用车(2.37%)
商用车(-1.24%)
汽车零部件(-0.30%)
汽车服务(3.04%)
摩托车及其他(-2.19%)
房屋建设(-5.73%)
基础建设(-5.24%)
专业工程(-3.98%)
工程咨询服务(-4.95%)
装修装饰(-4.22%)
房地产开发(-10.71%)
房产服务(-14.57%)
金融盯流动
消费抓主题(消费、物流可以验证经济活力)
TMT看创新
全国性银行(-1.20%)
地方性银行(-2.36%)
证券(-8.57%)
保险(-8.88%)
多元金融(-11.44%)
服务保民生
电力(-1.39%)
燃气(0.97%)
水务(-2.85%)
环保设备(-0.35%)
环境治理(-1.93%)
环境监测(-2.92%)
综合类(3.33%)
酿酒(-7.04%)
饮料乳品(-3.39%)
调味品(-6.18%)
休闲食品(-6.00%)
食品加工(-3.04%)
化学制药(-1.02%)
生物制品(-1.57%)
医疗器械(-0.90%)
医疗服务(-5.49%)
医药商业(-0.45%)
中药(-3.02%)
医疗美容(-10.42%)
体育(0.48%)
教育培训(-4.24%)
酒店餐饮(-6.70%)
旅游(-5.69%)
专业服务(1.10%)
公路铁路(0.14%)
航空机场(-2.96%)
航运港口(-2.42%)
物流(-3.96%)
半导体(-1.33%)
消费电子(-2.97%)
光学光电(-3.89%)
元器件(-4.62%)
其他电子(0.01%)
通信设备(-3.23%)
电信服务(0.71%)
通信工程(-1.36%)
IT设备(-1.69%)
软件服务(-2.12%)
云服务(2.03%)
产业互联网(1.06%)
游戏(-1.49%)
广告营销(1.70%)
影视院线(-1.08%)
数字媒体(1.01%)
出版业(1.25%)
广播电视(-3.05%)

观察近20日软件服务、云服务与产业互联网的涨跌幅对比，发现三者在今日、3日、5日、10日与20日的板块地图中基本呈现了同涨同跌的特征。三者相互验证后，软件行业的上涨趋势得到进一步确认。

（3）实现风险管理

通过分散投资于不同的板块，投资者可以降低单一板块波动对投资组合的影响，从而实现风险分散。

3.市场板块实战分享

筛选出热门板块后，还需要对当前的市场环境进行初步判断，通过关联板块验证所选板块上涨的可靠性，最后才能选择个股进行投资。

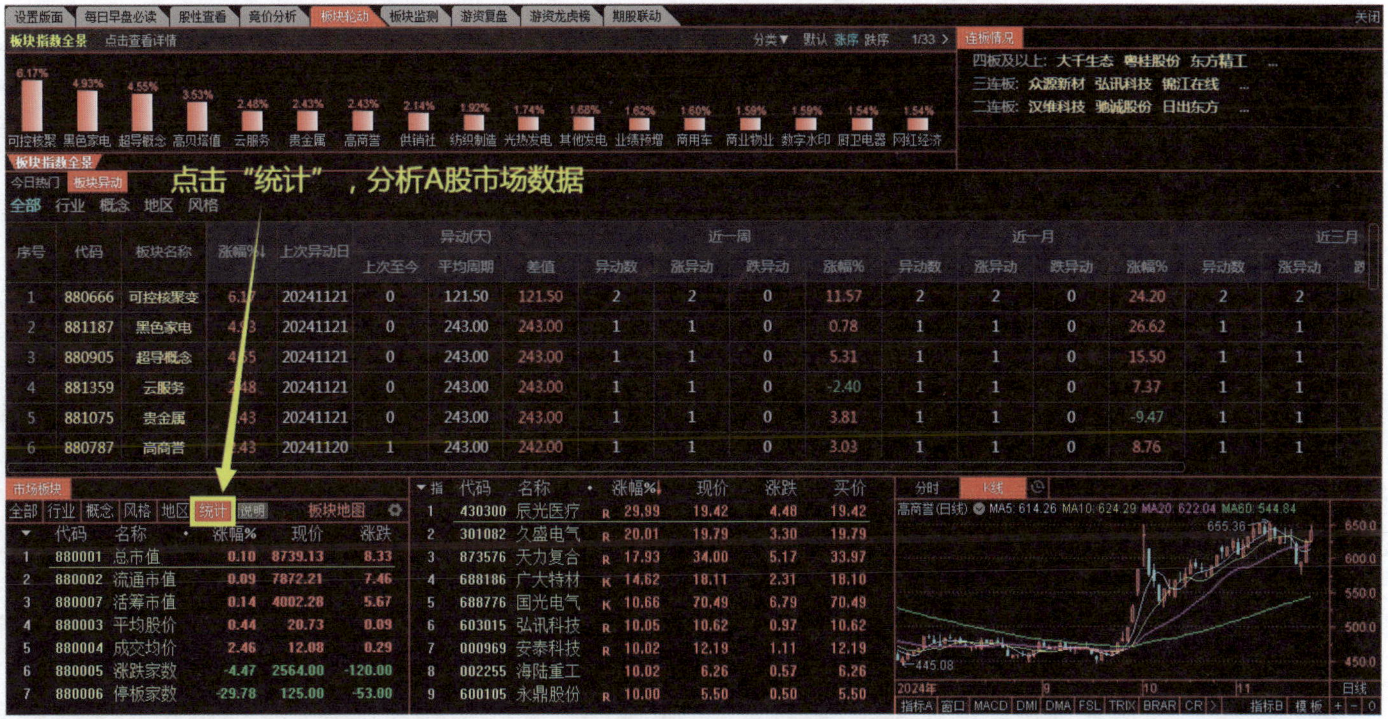

在今日热门实战分享中，最终确定要选择交易的热门板块是可控核聚变板块。

（1）市场情绪初判断

通过统计模块的分析，可以发现总市值、流通市值、活筹市值、平均股价、成交均价呈现出了红色，但涨跌家数、停板家数却呈现出绿色，说明当前市场是大盘股在维持盘面，多数股票还是下跌的，赚钱效应较差，需要注意市场下跌风险。

（2）关联板块再验证

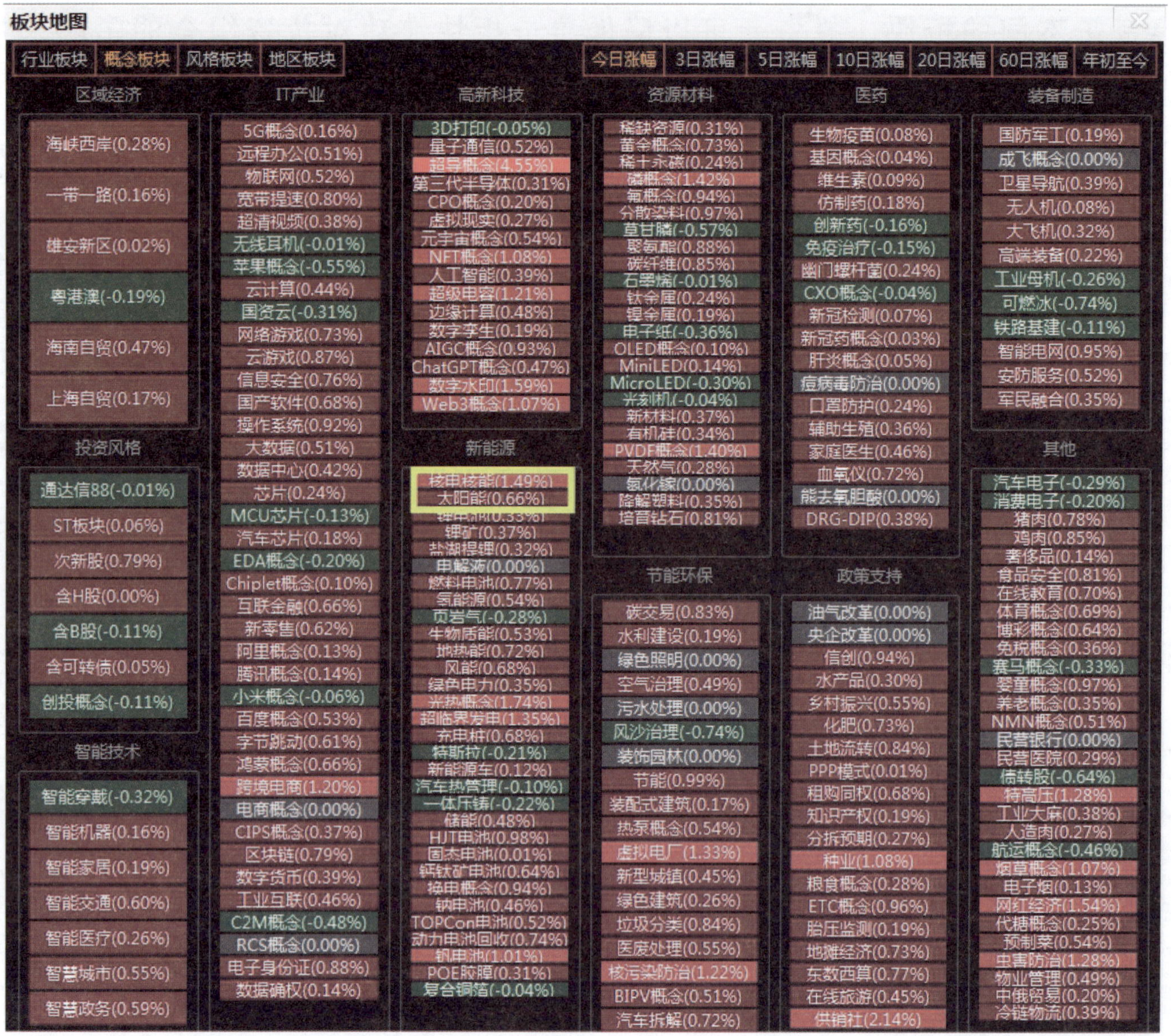
板块地图
行业板块 概念板块 风格板块 地区板块
今日涨幅 3日涨幅 5日涨幅 10日涨幅 20日涨幅 60日涨幅 年初至今
区域经济
海峡西岸(0.28%)
一带一路(0.16%)
雄安新区(0.02%)
粤港澳(-0.19%)
海南自贸(0.47%)
上海自贸(0.17%)
投资风格
通达信88(-0.01%)
ST板块(0.06%)
次新股(0.79%)
含H股(0.00%)
含B股(-0.11%)
含可转债(0.05%)
创投概念(-0.11%)
智能技术
智能穿戴(-0.32%)
智能机器(0.16%)
智能家居(0.19%)
智能交通(0.60%)
智能医疗(0.26%)
智慧城市(0.55%)
智慧政务(0.59%)
IT产业
5G概念(0.16%)
远程办公(0.51%)
物联网(0.52%)
宽带提速(0.80%)
超清视频(0.38%)
无线耳机(-0.01%)
苹果概念(-0.55%)
云计算(0.44%)
国资云(-0.31%)
网络游戏(0.73%)
云游戏(0.87%)
信息安全(0.76%)
国产软件(0.68%)
操作系统(0.92%)
大数据(0.51%)
数据中心(0.42%)
芯片(0.24%)
MCU芯片(-0.13%)
汽车芯片(0.18%)
EDA概念(-0.20%)
Chiplet概念(0.10%)
互联金融(0.66%)
新零售(0.62%)
阿里概念(0.13%)
腾讯概念(0.14%)
小米概念(-0.06%)
百度概念(0.53%)
字节跳动(0.61%)
鸿蒙概念(0.66%)
跨境电商(1.20%)
电商概念(0.00%)
CIPS概念(0.37%)
区块链(0.79%)
数字货币(0.39%)
工业互联(0.46%)
C2M概念(-0.48%)
RCS概念(0.00%)
电子身份证(0.88%)
数据确权(0.14%)
高新科技
3D打印(-0.05%)
量子通信(0.52%)
超导概念(4.55%)
第三代半导体(0.31%)
CPO概念(0.20%)
虚拟现实(0.27%)
元宇宙概念(0.54%)
NFT概念(1.08%)
人工智能(0.39%)
超级电容(1.21%)
边缘计算(0.48%)
数字孪生(0.19%)
AIGC概念(0.93%)
ChatGPT概念(0.47%)
数字水印(1.59%)
Web3概念(1.07%)
新能源
核电核能(1.49%)
太阳能(0.66%)
锂矿(0.37%)
盐湖提锂(0.32%)
电解液(0.00%)
燃料电池(0.77%)
氢能源(0.54%)
页岩气(-0.28%)
生物质能(0.53%)
地热能(0.72%)
风能(0.68%)
绿色电力(0.35%)
光热概念(1.74%)
超临界发电(1.35%)
充电桩(0.68%)
特斯拉(-0.21%)
新能源车(0.12%)
汽车热管理(-0.10%)
一体压铸(-0.22%)
储能(0.48%)
HJT电池(0.98%)
固态电池(0.01%)
钙钛矿电池(0.64%)
换电概念(0.94%)
钠电池(0.46%)
TOPCon电池(0.52%)
动力电池回收(0.74%)
钒电池(1.01%)
POE胶膜(0.31%)
复合铜箔(-0.04%)
资源材料
稀缺资源(0.31%)
黄金概念(0.73%)
稀土永磁(0.24%)
磷概念(1.42%)
氟概念(0.94%)
分散染料(0.97%)
草甘膦(-0.57%)
聚氨酯(0.88%)
碳纤维(0.85%)
石墨烯(-0.01%)
钛金属(0.24%)
锂金属(0.19%)
电子纸(-0.36%)
OLED概念(0.10%)
MiniLED(0.14%)
MicroLED(-0.30%)
光刻机(-0.04%)
新材料(0.37%)
有机硅(0.34%)
PVDF概念(1.40%)
天然气(0.28%)
氮化镓(0.00%)
降解塑料(0.35%)
培育钻石(0.81%)
医药
生物疫苗(0.08%)
基因概念(0.04%)
维生素(0.09%)
仿制药(0.18%)
创新药(-0.16%)
免疫治疗(-0.15%)
幽门螺杆菌(0.24%)
CXO概念(-0.04%)
新冠检测(0.07%)
新冠药概念(0.03%)
肝炎概念(0.05%)
痘病毒防治(0.00%)
口罩防护(0.24%)
辅助生殖(0.36%)
家庭医生(0.46%)
血氧仪(0.72%)
熊去氧胆酸(0.00%)
DRG-DIP(0.38%)
节能环保
碳交易(0.83%)
水利建设(0.19%)
绿色照明(0.00%)
空气治理(0.49%)
污水处理(0.00%)
风沙治理(-0.74%)
装饰园林(0.00%)
节能(0.99%)
装配式建筑(0.17%)
热泵概念(0.54%)
虚拟电厂(1.33%)
新型城镇(0.45%)
绿色建筑(0.26%)
垃圾分类(0.84%)
医废处理(0.55%)
核污染防治(1.22%)
BIPV概念(0.51%)
汽车拆解(0.72%)
政策支持
油气改革(0.00%)
央企改革(0.00%)
信创(0.94%)
水产品(0.30%)
乡村振兴(0.55%)
化肥(0.73%)
土地流转(0.84%)
PPP模式(0.01%)
租购同权(0.68%)
知识产权(0.19%)
分拆预期(0.27%)
种业(1.08%)
粮食概念(0.28%)
ETC概念(0.96%)
胎压监测(0.19%)
地摊经济(0.73%)
东数西算(0.77%)
在线旅游(0.45%)
供销社(2.14%)
装备制造
国防军工(0.19%)
成飞概念(0.00%)
卫星导航(0.39%)
无人机(0.08%)
大飞机(0.32%)
高端装备(0.22%)
工业母机(-0.26%)
可燃冰(-0.74%)
铁路基建(-0.11%)
智能电网(0.95%)
安防服务(0.52%)
军民融合(0.35%)
其他
汽车电子(-0.29%)
消费电子(-0.20%)
猪肉(0.78%)
鸡肉(0.85%)
奢侈品(0.14%)
食品安全(0.81%)
在线教育(0.70%)
体育概念(0.69%)
博彩概念(0.64%)
免税概念(0.36%)
赛马概念(-0.33%)
婴童概念(0.97%)
养老概念(0.35%)
NMN概念(0.51%)
民营银行(0.00%)
民营医院(0.29%)
债转股(-0.64%)
特高压(1.28%)
工业大麻(0.38%)
人造肉(0.27%)
航运概念(-0.46%)
烟草概念(1.07%)
电子烟(0.13%)
网红经济(1.54%)
代糖概念(0.25%)
预制菜(0.54%)
虫害防治(1.28%)
物业管理(0.49%)
中俄贸易(0.20%)
冷链物流(0.39%)

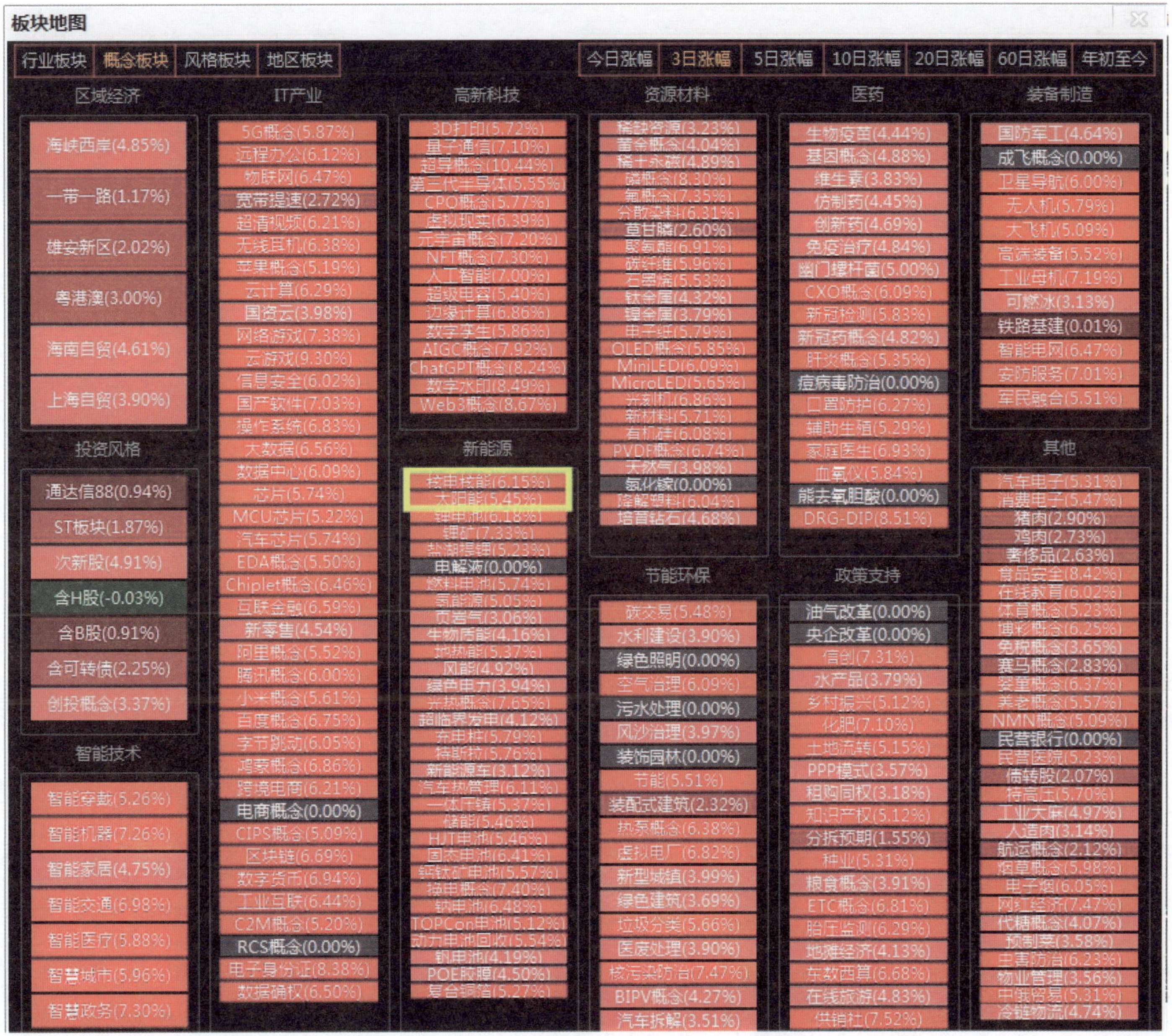
板块地图
行业板块
概念板块
风格板块
地区板块
今日涨幅
3日涨幅
5日涨幅
10日涨幅
20日涨幅
60日涨幅
年初至今
区域经济
海峡西岸(4.85%)
一带一路(1.17%)
雄安新区(2.02%)
粤港澳(3.00%)
海南自贸(4.61%)
上海自贸(3.90%)
投资风格
通达信88(0.94%)
ST板块(1.87%)
次新股(4.91%)
含H股(-0.03%)
含B股(0.91%)
含可转债(2.25%)
创投概念(3.37%)
智能技术
智能穿戴(5.26%)
智能机器(7.26%)
智能家居(4.75%)
智能交通(6.98%)
智能医疗(5.88%)
智慧城市(5.96%)
智慧政务(7.30%)
IT产业
5G概念(5.87%)
远程办公(6.12%)
物联网(6.47%)
宽带提速(2.72%)
超清视频(6.21%)
无线耳机(6.38%)
苹果概念(5.19%)
云计算(6.29%)
国资云(3.98%)
网络游戏(7.38%)
云游戏(9.30%)
信息安全(6.02%)
国产软件(7.03%)
操作系统(6.83%)
大数据(6.56%)
数据中心(6.09%)
芯片(5.74%)
MCU芯片(5.22%)
汽车芯片(5.74%)
EDA概念(5.50%)
Chiplet概念(6.46%)
互联金融(6.59%)
新零售(4.54%)
阿里概念(5.52%)
腾讯概念(6.00%)
小米概念(5.61%)
百度概念(6.75%)
字节跳动(6.05%)
鸿蒙概念(6.86%)
跨境电商(6.21%)
电商概念(0.00%)
CIPS概念(5.09%)
区块链(6.69%)
数字货币(6.94%)
工业互联(6.44%)
C2M概念(5.20%)
RCS概念(0.00%)
电子身份证(8.38%)
数据确权(6.50%)
高新科技
3D打印(5.72%)
量子通信(7.10%)
超导概念(10.44%)
第三代半导体(5.55%)
CPO概念(5.77%)
虚拟现实(6.39%)
元宇宙概念(7.20%)
NFT概念(7.30%)
人工智能(7.00%)
超级电容(5.40%)
边缘计算(6.86%)
数字孪生(5.86%)
AIGC概念(7.92%)
ChatGPT概念(8.24%)
数字水印(8.49%)
Web3概念(8.67%)
新能源
核电核能(6.15%)
太阳能(5.45%)
锂电池(6.18%)
锂矿(7.33%)
盐湖提锂(5.23%)
电解液(0.00%)
燃料电池(5.74%)
氢能源(5.05%)
页岩气(3.06%)
生物质能(4.16%)
地热能(5.37%)
风能(4.92%)
绿色电力(3.94%)
光热概念(7.65%)
超临界发电(4.12%)
充电桩(5.79%)
特斯拉(5.76%)
新能源车(3.12%)
汽车热管理(6.11%)
一体压铸(5.37%)
储能(5.46%)
HJT电池(5.46%)
固态电池(6.41%)
钙钛矿电池(5.57%)
换电概念(7.40%)
钠电池(6.48%)
TOPCon电池(5.12%)
动力电池回收(5.54%)
钒电池(4.19%)
POE胶膜(4.50%)
复合铜箔(5.27%)
资源材料
稀缺资源(3.23%)
黄金概念(4.04%)
稀土永磁(4.89%)
磷概念(8.30%)
氟概念(7.35%)
分散染料(6.31%)
草甘膦(2.60%)
聚氨酯(6.91%)
碳纤维(5.96%)
石墨烯(5.53%)
钛金属(4.32%)
锂金属(3.79%)
电子纸(5.79%)
OLED概念(5.85%)
MiniLED(6.09%)
MicroLED(5.65%)
光刻机(6.86%)
新材料(5.71%)
有机硅(6.08%)
PVDF概念(6.74%)
天然气(3.98%)
氯化镍(0.00%)
降解塑料(6.04%)
培育钻石(4.68%)
节能环保
碳交易(5.48%)
水利建设(3.90%)
绿色照明(0.00%)
空气治理(6.09%)
污水处理(0.00%)
风沙治理(3.97%)
装饰园林(0.00%)
节能(5.51%)
装配式建筑(2.32%)
热泵概念(6.38%)
虚拟电厂(6.82%)
新型城镇(3.99%)
绿色建筑(3.69%)
垃圾分类(5.66%)
医废处理(3.90%)
核污染防治(7.47%)
BIPV概念(4.27%)
汽车拆解(3.51%)
医药
生物疫苗(4.44%)
基因概念(4.88%)
维生素(3.83%)
仿制药(4.45%)
创新药(4.69%)
免疫治疗(4.84%)
幽门螺杆菌(5.00%)
CXO概念(6.09%)
新冠检测(5.83%)
新冠药概念(4.82%)
肝炎概念(5.35%)
痘病毒防治(0.00%)
口罩防护(6.27%)
辅助生殖(5.29%)
家庭医生(6.93%)
血氧仪(5.84%)
熊去氧胆酸(0.00%)
DRG-DIP(8.51%)
政策支持
油气改革(0.00%)
央企改革(0.00%)
信创(7.31%)
水产品(3.79%)
乡村振兴(5.12%)
化肥(7.10%)
土地流转(5.15%)
PPP模式(3.57%)
租购同权(3.18%)
知识产权(5.12%)
分拆预期(1.55%)
种业(5.31%)
粮食概念(3.91%)
ETC概念(6.81%)
胎压监测(6.29%)
地摊经济(4.13%)
东数西算(6.68%)
在线旅游(4.83%)
供销社(7.52%)
装备制造
国防军工(4.64%)
成飞概念(0.00%)
卫星导航(6.00%)
无人机(5.79%)
大飞机(5.09%)
高端装备(5.52%)
工业母机(7.19%)
可燃冰(3.13%)
铁路基建(0.01%)
智能电网(6.47%)
安防服务(7.01%)
军民融合(5.51%)
其他
汽车电子(5.31%)
消费电子(5.47%)
猪肉(2.90%)
鸡肉(2.73%)
奢侈品(2.63%)
食品安全(8.42%)
在线教育(6.02%)
体育概念(5.23%)
博彩概念(6.25%)
免税概念(3.65%)
赛马概念(2.83%)
婴童概念(6.37%)
养老概念(5.57%)
NMN概念(5.09%)
民营银行(0.00%)
民营医院(5.23%)
债转股(2.07%)
特高压(5.70%)
工业大麻(4.97%)
人造肉(3.14%)
航运概念(2.12%)
烟草概念(5.98%)
电子烟(6.05%)
网红经济(7.47%)
代糖概念(4.07%)
预制菜(3.58%)
虫害防治(6.23%)
物业管理(3.56%)
中俄贸易(5.31%)
冷链物流(4.74%)

板块地图
行业板块
概念板块
风格板块
地区板块
今日涨幅
3日涨幅
5日涨幅
10日涨幅
20日涨幅
60日涨幅
年初至今
区域经济
海峡西岸(0.14%)
一带一路(0.38%)
雄安新区(-0.59%)
粤港澳(-0.48%)
海南自贸(0.18%)
上海自贸(0.59%)
投资风格
通达信88(-1.21%)
ST板块(-3.21%)
次新股(-1.33%)
含H股(0.11%)
含B股(-0.19%)
含可转债(-0.61%)
创投概念(-1.04%)
智能技术
智能穿戴(-0.14%)
智能机器(1.47%)
智能家居(0.32%)
智能交通(-0.11%)
智能医疗(-0.80%)
智慧城市(-0.37%)
智慧政务(-0.97%)
IT产业
5G概念(-0.59%)
远程办公(-1.56%)
物联网(0.19%)
宽带提速(1.96%)
超清视频(-0.28%)
无线耳机(1.47%)
苹果概念(-0.85%)
云计算(-1.28%)
国资云(-2.71%)
网络游戏(0.15%)
云游戏(1.42%)
信息安全(-1.64%)
国产软件(-1.40%)
操作系统(-1.86%)
大数据(-0.90%)
数据中心(0.42%)
芯片(-1.35%)
MCU芯片(-2.94%)
汽车芯片(-2.06%)
EDA概念(-2.20%)
Chiplet概念(-1.47%)
互联金融(-0.63%)
新零售(1.33%)
阿里概念(-0.22%)
腾讯概念(-0.30%)
小米概念(0.06%)
百度概念(0.25%)
字节跳动(1.61%)
鸿蒙概念(-1.74%)
跨境电商(3.14%)
电商概念(0.00%)
CIPS概念(-1.57%)
区块链(-0.34%)
数字货币(-2.47%)
工业互联(0.99%)
C2M概念(2.50%)
RCS概念(0.00%)
电子身份证(-1.50%)
数据确权(-0.15%)
高新科技
3D打印(0.43%)
量子通信(-1.33%)
超导概念(5.31%)
第三代半导体(-1.14%)
CPO概念(-1.70%)
虚拟现实(0.02%)
元宇宙概念(0.89%)
NFT概念(2.19%)
人工智能(0.29%)
超级电容(2.74%)
边缘计算(-0.77%)
数字孪生(-0.40%)
AIGC概念(2.29%)
ChatGPT概念(1.39%)
数字水印(2.24%)
Web3概念(1.73%)
新能源
核电核能(2.93%)
太阳能(1.24%)
锂电池(1.96%)
锂矿(1.08%)
盐湖提锂(0.56%)
电解液(0.00%)
燃料电池(1.76%)
氢能源(2.30%)
页岩气(0.85%)
生物质能(3.36%)
地热能(-0.34%)
风能(1.23%)
绿色电力(1.11%)
光热概念(4.46%)
超临界发电(1.90%)
充电桩(0.83%)
特斯拉(0.61%)
新能源车(-0.83%)
汽车热管理(0.77%)
一体压铸(0.96%)
储能(1.10%)
HJT电池(-1.79%)
固态电池(2.94%)
钙钛矿电池(-0.78%)
换电概念(2.85%)
钠电池(2.95%)
TOPCon电池(-3.08%)
动力电池回收(2.18%)
钒电池(0.32%)
POE胶膜(1.55%)
复合铜箔(0.80%)
资源材料
稀缺资源(1.03%)
黄金概念(1.31%)
稀土永磁(-0.78%)
磷概念(3.78%)
氟概念(1.87%)
分散染料(2.21%)
草甘膦(0.82%)
聚氨酯(4.05%)
碳纤维(0.69%)
石墨烯(2.55%)
钛金属(0.32%)
锂金属(0.18%)
电子纸(-0.89%)
OLED概念(-0.07%)
MiniLED(-0.93%)
MicroLED(-0.69%)
光刻机(-1.16%)
新材料(1.39%)
有机硅(4.56%)
PVDF概念(2.20%)
天然气(2.01%)
氮化镓(0.00%)
降解塑料(2.57%)
培育钻石(1.33%)
节能环保
碳交易(1.88%)
水利建设(0.84%)
绿色照明(0.00%)
空气治理(1.44%)
污水处理(0.00%)
风沙治理(-0.79%)
装饰园林(0.00%)
节能(2.13%)
装配式建筑(0.79%)
热泵概念(1.37%)
虚拟电厂(1.52%)
新型城镇(1.70%)
绿色建筑(-0.44%)
垃圾分类(1.50%)
医废处理(0.90%)
核污染防治(2.58%)
BIPV概念(0.17%)
汽车拆解(3.20%)
医药
生物疫苗(0.78%)
基因概念(0.53%)
维生素(0.67%)
仿制药(0.55%)
创新药(0.05%)
免疫治疗(-0.75%)
幽门螺杆菌(1.29%)
CXO概念(-0.02%)
新冠检测(2.47%)
新冠药概念(0.46%)
肝炎概念(1.52%)
痘病毒防治(0.00%)
口罩防护(3.33%)
辅助生殖(1.51%)
家庭医生(-1.01%)
血氧仪(0.74%)
能去氧胆酸(0.00%)
DRG-DIP(-1.14%)
政策支持
油气改革(0.00%)
央企改革(0.00%)
信创(-0.79%)
水产品(1.78%)
乡村振兴(0.99%)
化肥(4.03%)
土地流转(1.69%)
PPP模式(1.09%)
租购同权(-1.22%)
知识产权(0.39%)
分拆预期(0.28%)
种业(-2.18%)
粮食概念(0.08%)
ETC概念(-1.11%)
胎压监测(0.59%)
地摊经济(1.39%)
东数西算(0.15%)
在线旅游(1.67%)
供销社(1.23%)
装备制造
国防军工(-1.34%)
成飞概念(0.00%)
卫星导航(-0.70%)
无人机(0.04%)
大飞机(-0.14%)
高端装备(1.07%)
工业母机(2.70%)
可燃冰(0.71%)
铁路基建(0.26%)
智能电网(0.35%)
安防服务(0.14%)
军民融合(-0.08%)
其他
汽车电子(-1.02%)
消费电子(-0.30%)
猪肉(-0.67%)
鸡肉(0.02%)
奢侈品(-0.86%)
食品安全(2.84%)
在线教育(0.17%)
体育概念(1.45%)
博彩概念(0.72%)
免税概念(1.52%)
赛马概念(-1.27%)
婴童概念(2.35%)
养老概念(1.10%)
NMN概念(1.94%)
民营银行(0.00%)
民营医院(1.08%)
债转股(-1.78%)
特高压(1.01%)
工业大麻(0.93%)
人造肉(1.89%)
航运概念(1.31%)
烟草概念(1.54%)
电子烟(0.58%)
网红经济(3.66%)
代糖概念(1.29%)
预制菜(1.53%)
虫害防治(3.09%)
物业管理(0.21%)
中俄贸易(3.14%)
冷链物流(1.78%)

板块地图
行业板块 概念板块 风格板块 地区板块
今日涨幅 3日涨幅 5日涨幅 10日涨幅 20日涨幅 60日涨幅 年初至今
区域经济
海峡西岸(-1.51%)
一带一路(-1.95%)
雄安新区(-4.54%)
粤港澳(-4.24%)
上海自贸(0.30%)
投资风格
通达信88(-3.69%)
ST板块(-0.87%)
次新股(1.47%)
含H股(-3.37%)
含B股(-4.81%)
含可转债(-2.47%)
创投概念(-2.95%)
智能技术
智能穿戴(0.65%)
智能机器(1.19%)
智能家居(-0.06%)
智能交通(-0.23%)
智能医疗(-0.47%)
智慧城市(-0.50%)
智慧政务(0.11%)
IT产业
5G概念(-0.33%)
远程办公(2.53%)
物联网(0.14%)
宽带提速(2.35%)
超清视频(-0.27%)
无线耳机(2.80%)
苹果概念(0.03%)
云计算(0.25%)
国资云(-1.68%)
网络游戏(0.38%)
云游戏(1.61%)
信息安全(-0.26%)
国产软件(0.01%)
操作系统(-0.96%)
大数据(0.16%)
数据中心(1.05%)
芯片(-0.12%)
MCU芯片(-0.77%)
汽车芯片(-1.20%)
EDA概念(-1.97%)
Chiplet概念(2.06%)
互联金融(-2.26%)
新零售(-2.14%)
阿里概念(0.34%)
腾讯概念(-0.01%)
小米概念(0.28%)
百度概念(1.00%)
字节跳动(1.77%)
鸿蒙概念(-1.00%)
跨境电商(1.45%)
电商概念(0.00%)
CIPS概念(-1.67%)
区块链(-0.03%)
数字货币(-1.64%)
工业互联(0.80%)
C2M概念(1.17%)
RCS概念(0.00%)
电子身份证(-0.01%)
数据确权(1.31%)
高新科技
3D打印(-0.70%)
量子通信(-0.85%)
超导概念(-0.12%)
第三代半导体(0.66%)
CPO概念(-1.88%)
虚拟现实(0.16%)
元宇宙概念(1.31%)
NFT概念(1.52%)
人工智能(0.35%)
超级电容(1.39%)
边缘计算(0.67%)
数字孪生(-0.80%)
AIGC概念(3.92%)
ChatGPT概念(3.55%)
数字水印(2.69%)
Web3概念(3.47%)
新能源
核电核能(-0.03%)
太阳能(-0.26%)
锂电池(2.31%)
锂矿(2.54%)
盐湖提锂(1.15%)
电解液(0.00%)
燃料电池(1.11%)
氢能源(0.53%)
页岩气(-2.03%)
生物质能(-0.16%)
地热能(-3.91%)
风能(-0.76%)
绿色电力(-1.53%)
光热概念(2.84%)
超临界发电(-2.31%)
充电桩(0.03%)
特斯拉(-0.74%)
新能源车(-0.15%)
汽车热管理(0.71%)
一体压铸(-0.21%)
储能(0.18%)
HJT电池(-0.45%)
固态电池(7.99%)
钙钛矿电池(0.74%)
换电概念(2.84%)
钠电池(4.67%)
TOPCon电池(-0.38%)
动力电池回收(2.91%)
钒电池(-2.40%)
POE胶膜(2.11%)
复合铜箔(2.86%)
资源材料
稀缺资源(-5.07%)
黄金概念(-2.64%)
稀土永磁(-4.29%)
磷概念(1.96%)
氟概念(0.22%)
分散染料(-0.56%)
草甘膦(-2.89%)
聚氨酯(3.10%)
碳纤维(-0.23%)
石墨烯(0.48%)
钛金属(0.14%)
锂金属(-2.92%)
电子纸(-0.75%)
OLED概念(0.19%)
MiniLED(-0.66%)
MicroLED(-0.66%)
光刻机(-0.65%)
新材料(0.52%)
有机硅(3.44%)
PVDF概念(-0.11%)
天然气(-0.40%)
氮化镓(0.00%)
降解塑料(2.24%)
培育钻石(-0.23%)
节能环保
碳交易(-0.51%)
水利建设(-1.92%)
绿色照明(0.00%)
空气治理(1.66%)
污水处理(0.00%)
风沙治理(-6.91%)
装饰园林(0.00%)
节能(0.07%)
装配式建筑(-2.36%)
热泵概念(0.44%)
虚拟电厂(1.11%)
新型城镇(-1.94%)
绿色建筑(-2.08%)
垃圾分类(-1.16%)
医废处理(-0.68%)
核污染防治(1.23%)
BIPV概念(-1.72%)
汽车拆解(0.09%)
医药
生物疫苗(-0.35%)
基因概念(-1.50%)
维生素(-2.17%)
仿制药(-1.59%)
创新药(-2.05%)
免疫治疗(-1.20%)
幽门螺杆菌(-0.34%)
CXO概念(-0.98%)
新冠检测(1.26%)
新冠药概念(-0.68%)
肝炎概念(-0.00%)
痘病毒防治(0.00%)
口罩防护(1.94%)
辅助生殖(-0.74%)
家庭医生(-2.42%)
血氧仪(-0.17%)
熊去氧胆酸(0.00%)
DRG-DIP(0.25%)
政策支持
油气改革(0.00%)
央企改革(0.00%)
信创(0.74%)
水产品(-4.53%)
乡村振兴(-2.22%)
化肥(2.35%)
土地流转(-3.48%)
PPP模式(-1.96%)
知识产权(1.02%)
分拆预期(-1.62%)
ETC概念(-0.34%)
胎压监测(1.13%)
地摊经济(0.51%)
东数西算(0.73%)
在线旅游(-1.79%)
供销社(-1.33%)
装备制造
国防军工(-3.32%)
成飞概念(0.00%)
卫星导航(0.08%)
无人机(-1.11%)
大飞机(-2.57%)
高端装备(-0.44%)
工业母机(1.51%)
可燃冰(-2.44%)
铁路基建(-3.64%)
智能电网(0.40%)
安防服务(0.44%)
军民融合(-1.51%)
其他
汽车电子(-0.89%)
消费电子(0.09%)
猪肉(-4.84%)
鸡肉(-5.08%)
奢侈品(-5.79%)
食品安全(0.24%)
在线教育(-0.75%)
体育概念(-0.64%)
博彩概念(-0.26%)
免税概念(-3.51%)
赛马概念(-4.96%)
婴童概念(0.04%)
养老概念(-1.98%)
NMN概念(-2.33%)
民营银行(0.00%)
民营医院(-0.43%)
特高压(-0.77%)
工业大麻(-1.90%)
人造肉(-3.48%)
航运概念(-1.52%)
烟草概念(0.62%)
电子烟(0.59%)
网红经济(2.25%)
代糖概念(-2.38%)
预制菜(-3.27%)
虫害防治(-0.20%)
物业管理(-4.86%)
中俄贸易(0.63%)
冷链物流(-0.26%)

通过观察核电核能关联行业太阳能的今日涨幅、3日涨幅、5日涨幅和10日涨幅、20日涨幅后发现，核电核能与太阳能的涨跌幅同步，两个板块之间得到相互验证，上涨可靠性较好，最终可以确定核电核能板块作为短线投资板块。上涨可靠性进一步得到确认。

（3）锁定涨停龙头

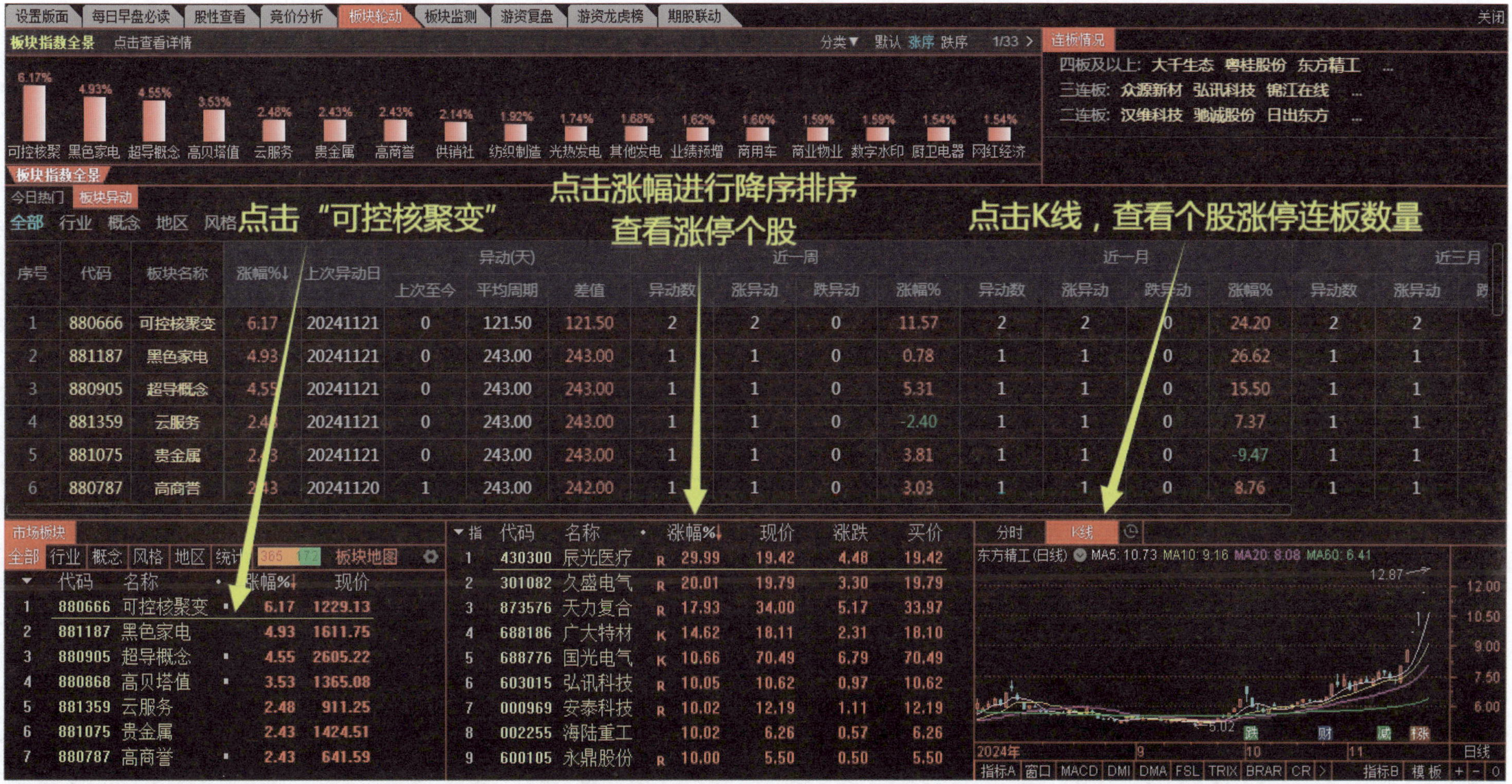
点击"可控核聚变"
点击涨幅进行降序排序
查看涨停个股
点击K线，查看个股涨停连板数量

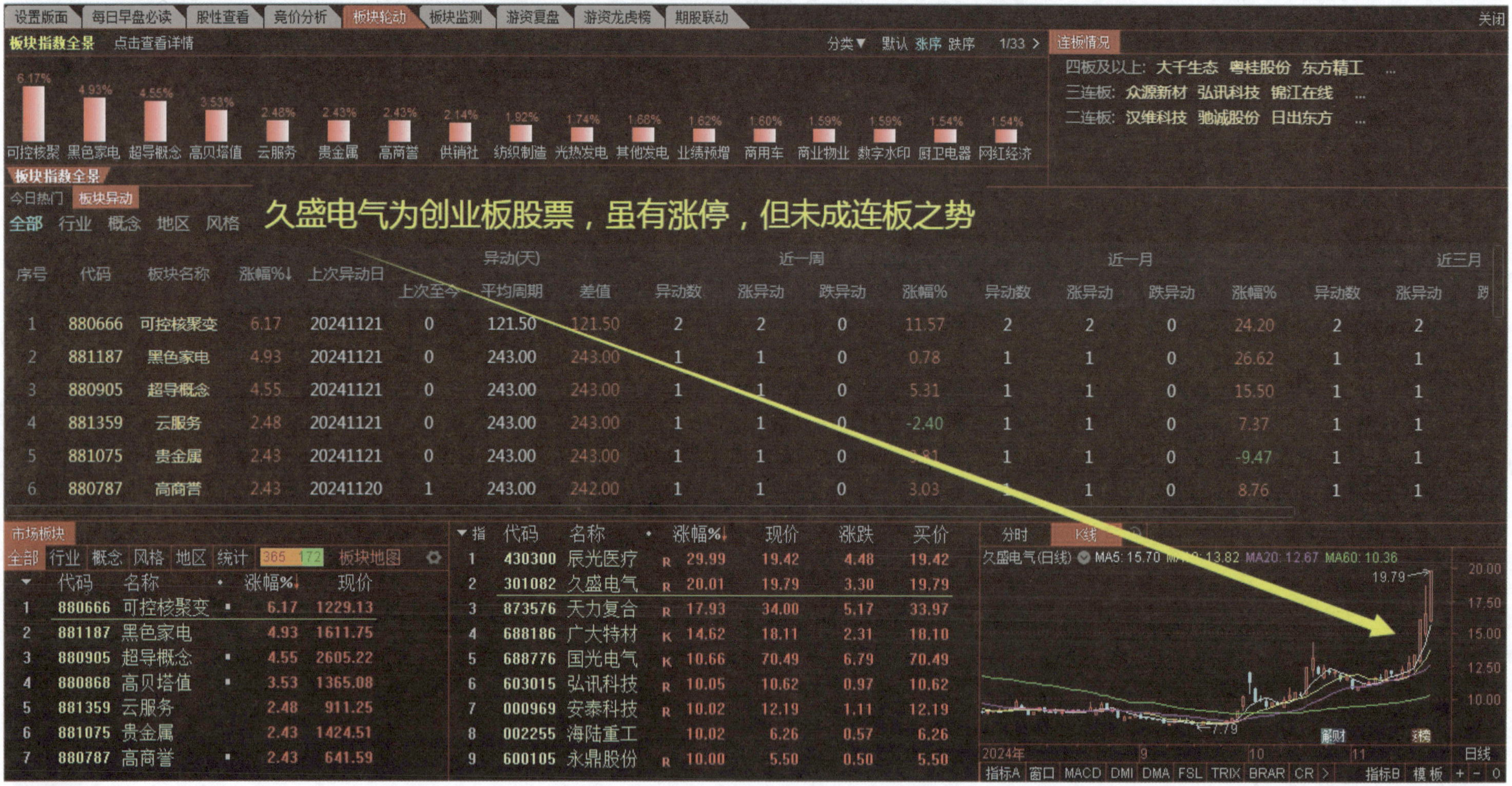
设置版面 每日早盘必读 股性查看 竞价分析 板块轮动 板块监测 游资复盘 游资龙虎榜 期股联动 关闭
板块指数全景 点击查看详情
分类▼ 默认 涨序 跌序 1/33
连板情况
四板及以上: 大千生态 粤桂股份 东方精工 ...
三连板: 众源新材 弘讯科技 锦江在线 ...
二连板: 汉维科技 驰诚股份 日出东方 ...
6.17% 可控核聚 4.93% 黑色家电 4.55% 超导概念 3.53% 高贝塔值 2.48% 云服务 2.43% 贵金属 2.43% 高商誉 2.14% 供销社 1.92% 纺织制造 1.74% 光热发电 1.66% 其他发电 1.62% 业绩预增 1.60% 商用车 1.59% 商业物业 1.59% 数字水印 1.54% 厨卫电器 1.54% 网红经济
板块指数全景
今日热门 板块异动
全部 行业 概念 地区 风格
久盛电气为创业板股票，虽有涨停，但未成连板之势
序号 代码 板块名称 涨幅%↓ 上次异动日 异动(天) 上次至今 平均周期 差值 近一周 异动数 涨异动 跌异动 涨幅% 近一月 异动数 涨异动 跌异动 涨幅% 近三月 异动数 涨异动
1 880666 可控核聚变 6.17 20241121 0 121.50 121.50 2 2 0 11.57 2 2 0 24.20 2 2
2 881187 黑色家电 4.93 20241121 0 243.00 243.00 1 1 0 0.78 1 1 0 26.62 1 1
3 880905 超导概念 4.55 20241121 0 243.00 243.00 1 1 0 5.31 1 1 0 15.50 1 1
4 881359 云服务 2.48 20241121 0 243.00 243.00 1 1 0 -2.40 1 1 0 7.37 1 1
5 881075 贵金属 2.43 20241121 0 243.00 243.00 1 1 0 1 1 0 -9.47 1 1
6 880787 高商誉 2.43 20241120 1 243.00 242.00 1 1 0 3.03 1 0 8.76 1 1
市场板块
全部 行业 概念 风格 地区 统计 365 172 板块地图
代码 名称 涨幅% 现价
1 880666 可控核聚变 6.17 1229.13
2 881187 黑色家电 4.93 1611.75
3 880905 超导概念 4.55 2605.22
4 880868 高贝塔值 3.53 1365.08
5 881359 云服务 2.48 911.25
6 881075 贵金属 2.43 1424.51
7 880787 高商誉 2.43 641.59
指 代码 名称 涨幅% 现价 涨跌 买价
1 430300 辰光医疗 R 29.99 19.42 4.48 19.42
2 301082 久盛电气 R 20.01 19.79 3.30 19.79
3 873576 天力复合 R 17.93 34.00 5.17 33.97
4 688186 广大特材 K 14.62 18.11 2.31 18.10
5 688776 国光电气 K 10.66 70.49 6.79 70.49
6 603015 弘讯科技 R 10.05 10.62 0.97 10.62
7 000969 安泰科技 R 10.02 12.19 1.11 12.19
8 002255 海陆重工 10.02 6.26 0.57 6.26
9 600105 永鼎股份 R 10.00 5.50 0.50 5.50
分时 K线
久盛电气(日线) MA5: 15.70 MA20: 12.67 MA60: 10.36
19.79
20.00 17.50 15.00 12.50 10.00
7.79
2024年 9 10 11 日线
指标A 窗口 MACD DMI DMA FSL TRIX BRAR CR 指标B 模板

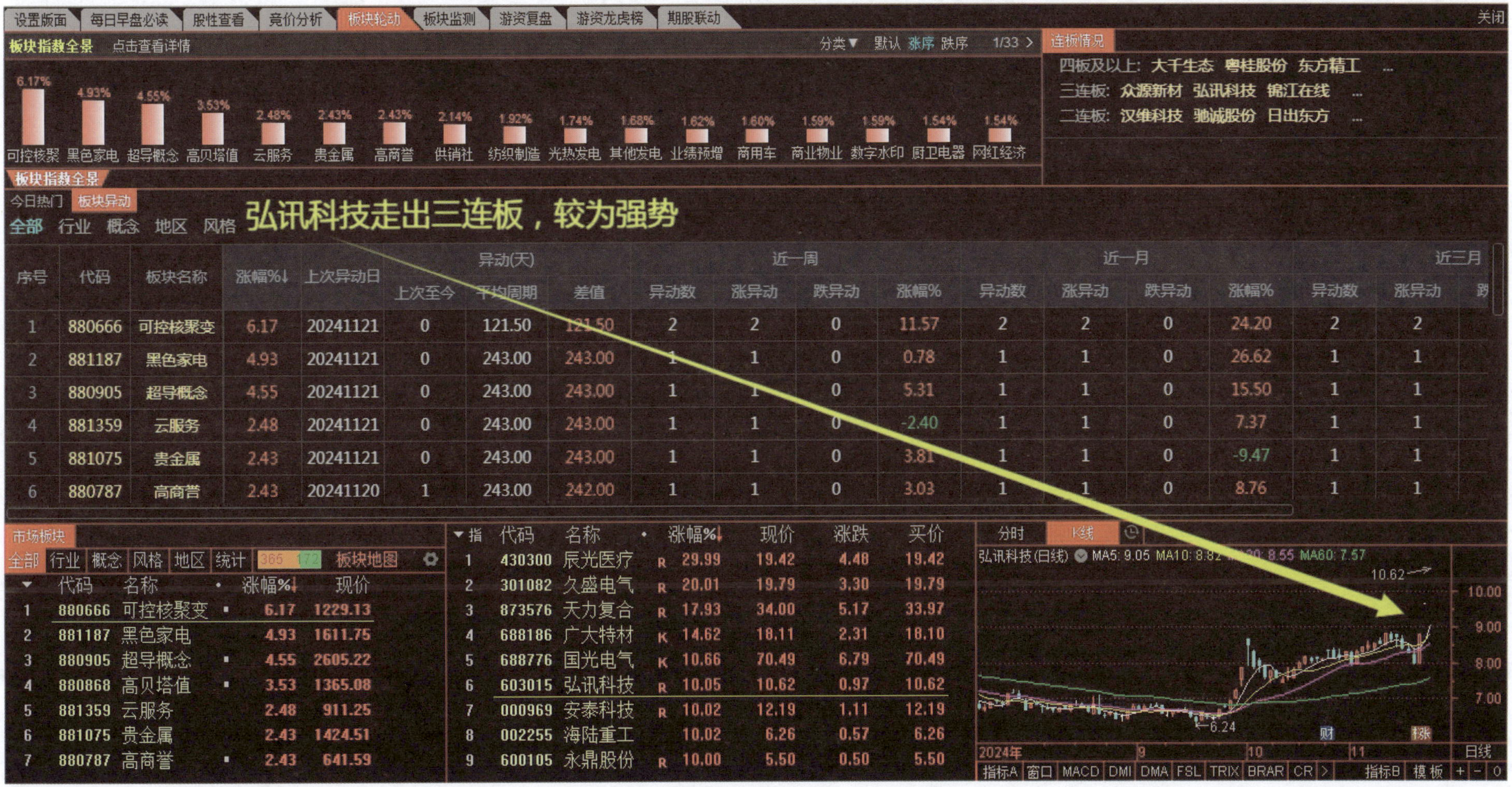
设置版面
每日早盘必读
股性查看
竞价分析
板块轮动
板块监测
游资复盘
游资龙虎榜
期股联动
关闭
板块指数全景
点击查看详情
分类▼ 默认 涨序 跌序 1/33 >
连板情况
四板及以上: 大千生态 粤桂股份 东方精工 ...
三连板: 众源新材 弘讯科技 锦江在线 ...
二连板: 汉维科技 驰诚股份 日出东方 ...
6.17% 可控核聚
4.93% 黑色家电
4.55% 超导概念
3.53% 高贝塔值
2.48% 云服务
2.43% 贵金属
2.43% 高商誉
2.14% 供销社
1.92% 纺织制造
1.74% 光热发电
1.68% 其他发电
1.62% 业绩预增
1.60% 商用车
1.59% 商业物业
1.59% 数字水印
1.54% 厨卫电器
1.54% 网红经济
板块指数全景
今日热门 板块异动
全部 行业 概念 地区 风格
弘讯科技走出三连板，较为强势
序号 代码 板块名称 涨幅%↓ 上次异动日
异动(天) 上次至今 平均周期 差值
近一周 异动数 涨异动 跌异动 涨幅%
近一月 异动数 涨异动 跌异动 涨幅%
近三月 异动数 涨异动
1 880666 可控核聚变 6.17 20241121 0 121.50 121.50 2 2 0 11.57 2 2 0 24.20 2 2
2 881187 黑色家电 4.93 20241121 0 243.00 243.00 1 1 0 0.78 1 1 0 26.62 1 1
3 880905 超导概念 4.55 20241121 0 243.00 243.00 1 1 0 5.31 1 1 0 15.50 1 1
4 881359 云服务 2.48 20241121 0 243.00 243.00 1 1 0 -2.40 1 1 0 7.37 1 1
5 881075 贵金属 2.43 20241121 0 243.00 243.00 1 1 0 3.81 1 1 0 -9.47 1 1
6 880787 高商誉 2.43 20241120 1 243.00 242.00 1 1 0 3.03 1 1 0 8.76 1 1
市场板块
全部 行业 概念 风格 地区 统计 365 172 板块地图
代码 名称 涨幅%↓ 现价
1 880666 可控核聚变 6.17 1229.13
2 881187 黑色家电 4.93 1611.75
3 880905 超导概念 4.55 2605.22
4 880868 高贝塔值 3.53 1365.08
5 881359 云服务 2.48 911.25
6 881075 贵金属 2.43 1424.51
7 880787 高商誉 2.43 641.59
指 代码 名称 涨幅%↓ 现价 涨跌 买价
1 430300 辰光医疗 R 29.99 19.42 4.48 19.42
2 301082 久盛电气 R 20.01 19.79 3.30 19.79
3 873576 天力复合 R 17.93 34.00 5.17 33.97
4 688186 广大特材 K 14.62 18.11 2.31 18.10
5 688776 国光电气 K 10.66 70.49 6.79 70.49
6 603015 弘讯科技 R 10.05 10.62 0.97 10.62
7 000969 安泰科技 R 10.02 12.19 1.11 12.19
8 002255 海陆重工 10.02 6.26 0.57 6.26
9 600105 永鼎股份 R 10.00 5.50 0.50 5.50
分时 K线
弘讯科技(日线) MA5: 9.05 MA10: 8.82 MA30: 8.55 MA60: 7.57
10.62
10.00
9.00
8.00
7.00
6.24
2024年 9 10 11
日线
指标A 窗口 MACD DMI DMA FSL TRIX BRAR CR 指标B 模板

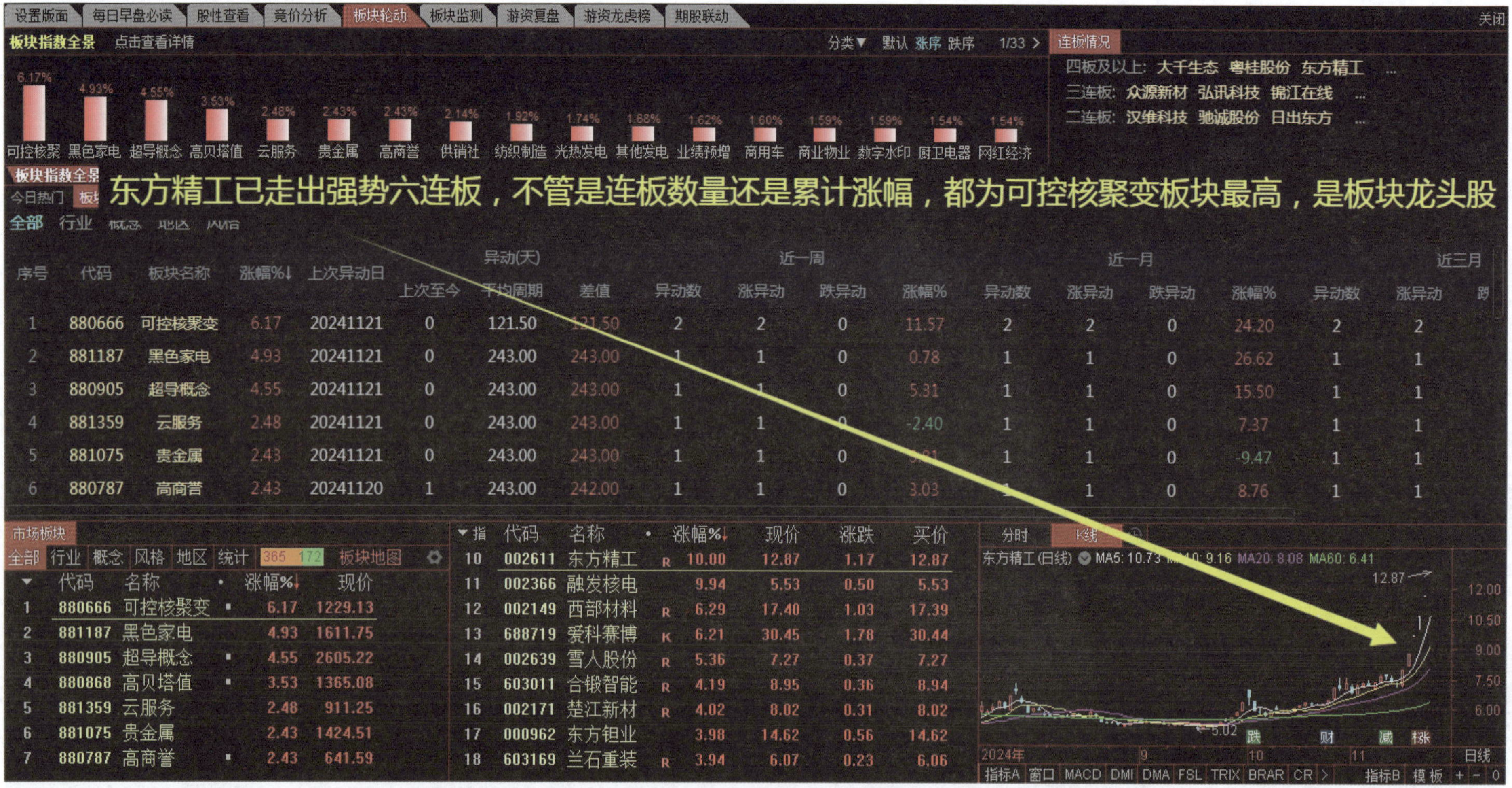

点击们最终筛选的热门板块“可控核聚变”，查看涨幅排名，选出连板数量及涨幅最多的个股，分别是“久盛电气”“弘讯科技”“东方精工”。点击查看三只股票的K线图后发现，东方精工在这轮可控核聚变板块上涨的过程中表现最好，走出了强势六连板，而且不管是连板数量还是累计涨幅都为板块最高，属于强势板块中的龙头股，是优先选择投资的方向。

投资日记